末世尋道者的修煉
心靈復活

THE WAY OUT OF
LIFE AND DEATH

保惠講堂 周財福 著

心在定故，能知世間生滅法

　　學校的生命科學教育，與社會宗教文化的生死觀，是兩套無法對話的系統，但卻是我想獲得答案而追求知識的主因。現今「科學文明」知識非常進步，但社會中「宗教不文明」的廟宇、教堂依然到處林立，似乎再高的科學知識仍無法面對個人生死的問題。

　　2004 年在美國進修時間，有幸借讀唐德賢醫師的佛學藏書，尤其是整套印順導師的作品，讓我對佛學的深奧思想有較深的認識。感嘆學到科學的博士學位，仍然無法解決自己的生死困惑，行將朽木的年紀應該考慮其他的途徑。

　　2005 年回國後，報讀了曉光空中佛學院。後來從佛學院的課程認識了「唯識學」的理論，才知道無法面對生死問題的原因，是因為我們根本不知道自己的意識是如何運作的。但要真正體悟這套理論，卻必須透過禪定的修證。所以釋迦摩尼在《遺教經》中說：「汝等比丘，

若攝心者，心則在定；心在定故，能知世間生滅法相，是故汝等，常當精勤修集諸定。」

這世間「生滅法」，被**無著**、**世親**菩薩「立了文字」成為「瑜伽師地論」。而「勤修諸定」，被不立文字的修行人發展成**禪宗**。而這也從道元禪師的《正法眼藏》可以用唯識理論解讀而驗證。

2006 年初在洪文亮老師的道場接觸了道元禪師的《正法眼藏》，當年 4 月某日在家的例行禪坐時，突然體悟到「聲音就是我」的剎那心識轉變。接著有「看到聲音」、「聽到聲音」的六根互用變化，之後突然清醒能分別是「打呼聲」。這次體悟極短暫的心識變化，明白了香嚴禪師的「一擊忘所知」、洞山禪師的「過水偈」，以及道元禪師的「身心脫落」等的剎那悟覺，所描述的正是《遺教經》中說的：「生滅法相」。從此以唯識學的觀點來看道元禪師的《正法眼藏》，就更能明白他所要表達的意思。

唯識思想的發展包含了小、大乘佛法，是沿襲吠陀文化的《奧義書》修行者的思想，故本書選讀《印度生

死書》的部分經文來比較。對現代有生命科學知識的人來說，唯識學的意識理論太難理解，如果能夠有科學的證據證明，才能讓人信服，所以選讀《意識究竟從何而來》這本神經科學的科普讀物來做比較，這即是本書出版的目的。

現今社會人的心智，因追求個人物質的滿足，與自由的發展，反而忽略個人在社會團體中的責任。個人主義是資本主義的基本病因，是扭曲平等性社會的起點。以個人自由為運作方式，個人主義的活動、進步，是一種互相踩踏的過程，是造成社會動盪不安的因素，所以必需用很多的律法暴力來圍堵。

雖然規範以「不傷害他人自由為自由」，但弱小的個體，常是被忽略、欺侮、排擠到陰暗角落，而無力發聲。沒有病識感的個人資本主義者，很容易因過度物資的追求，而成為社會的腫瘤、造成貧富不均的不和諧社會。

反觀平等性的烏托邦只需要一條準則：「唯識學的第七識平等性智」、「熱力學第二定律」、「損自己的

有餘，補他人的不足」、「凡作用在弱小兄弟身上的，就是作用在主身上」等，這些宗教與科學的法教說的是同一種法則。所以最後一章「心靈的復活」的修煉，是想幫助迷失在個人物欲追求的人，認識心靈復活的修煉，從此脫離過度追求物質開始。淨化的心靈，會體悟物我一體性的存在，會建立病識感（即擁有超過自己所需的物質資源，會有不安的心理壓力），這是和諧世界烏托邦的基礎。

保惠講堂

周財福

|目錄|

【作者序】 心在定故，能知世間生滅法 2

第一篇 神鬼認知的矛盾

◆第 1 章◆ 傳統社會文化與宗教的神鬼觀念 10

◆第 2 章◆ 現今社會的宗教行為與教育對神鬼的
　　　　　理性觀念 17

第二篇 正法眼藏的唯識思想

◆第 3 章◆ 現成公案 26

◆第 4 章◆ 佛　性 38

◆第 5 章◆ 身心學道 51

◆第 6 章◆ 一顆明珠 70

◆第 7 章◆ 有　時 81

◆第 8 章◆ 山水經 101

◆第 9 章◆ 阿羅漢 124

◆第 10 章◆ 王索仙陀婆 135

◆第 11 章◆ 生　死 144

第三篇 印度生死書

◆第12章◆ 伊薩奧義書...................................150

◆第13章◆ 白騾氏奧義書（一）.................156

◆第14章◆ 白騾氏奧義書（二）.................169

◆第15章◆ 禿頂奧義書...........................184

◆第16章◆ 卡塔奧義書...........................204

第四篇 意識究竟從哪裡來

◆第17章◆ 神經學上主體自我的存在位置.................244

◆第18章◆ 意識心智的建立...........................250

◆第19章◆ 意識形成中的自我轉變.....................256

第五篇 心靈的復活

◆第20章◆ 四禪定的心靈修煉.........................264

◆第21章◆ 奧義書的心靈修煉.........................269

◆第22章◆ 四福音的心靈修煉.........................276

後記...286

CONTENTS

第一篇

神鬼認知的矛盾

　　從小學校老師在課堂教的是，「寺廟拜拜、燒香是宗教迷信行為」，但讓人困惑的是：家裡有神明、祖先的牌位，早晚都要燒香、拜拜。附近的土地公、媽祖廟常常很多信徒拜拜，父母、長輩也都會去廟裡燒香、抽籤。很多老師、長輩也常會帶家人去教堂做禮拜、對上帝祈禱。而這個「**神鬼存在與否**」的社會矛盾行為卻一直陪著我們，隨著求學知識的增加反而更加深。台灣民間有許多習俗，通常奉行「寧可信其有」的信念，願意相信神秘力量，遵循一些習俗，以追求安心。所以「三步一小廟，五步一大廟」、「教堂林立」的情形隨處可見，宗教迷信和風土習俗有時很難區分，已經滲入到文化裡面了。長大後才知道，這個疑惑

的問題，是存在於世界各個地區、各個文化之中。其實我們看看自己身處的周遭，常常見聞如《聊齋誌異》的事件：死者冤魂託夢、顯靈、中邪收驚、魔神仔、胎內記憶、輪迴的前世記憶等等，很難讓人接受「不存在靈魂」、「死後，就是了了，就是什麼都沒有」的文化教育說法。

【1】
傳統社會文化與
宗教的神鬼觀念

　　中國社會文化的神鬼、生死，是由儒、道、釋等文化、經教混雜而成的。一般人都對死亡、「我」的消失，恐懼不已。中國的神鬼文化在原始社會的蒙昧裡萌生，於封建社會的慎終追遠倫理中興盛。起源是因為大自然中有太多人類無法理解的現象，於是人們用想像力，或生活經驗中締造了「**神鬼**」，並逐漸將其與當時社會的道德倫理相關聯，最終便形成了神鬼文化。在漫長的中國歷史中，宗教的神鬼祭祀儀式與其他的傳統文化相互涉入，演變成了中華文明重要的核心文化之一。由於鬼神為精神體，一般人無法實際的目睹或接觸，且常涉及人對其信仰的不同而有不一樣的認知，不容易做出完整的論述。

儒家的影響

子路問事鬼神。子曰：「未能事人，焉能事鬼？」曰：「敢問死？」曰：「未知生，焉知死？」《論語・先進第十一》這段話是**孔子**有關死亡最廣為人知的，可知孔子對於「死亡是怎麼一回事」，並沒有直接詳細說明。「子貢問孔子：『死人有知無知也？』孔子曰：『吾欲言死者有知也，恐孝子順孫妨生以送死也；欲言無知，恐不孝子孫不葬也。賜欲知死人有知將無知也，死徐自知之，猶未晚也。』」（《說苑・辨物》）孔子的哲學強調「知天命」，他自認承擔使天道行於世的使命——天命，他負有實踐並彰著天道的責任。正由於孔子將自我生命認同「天命」這種大我，故全不畏懼死。孔子的理論並非像宗教一樣建構一個死後靈魂的世界，以解答「死後的去向」、「是否以另一形式永存」等問題。孔子肯定孝道和祭禮的人文意義，因此提到「事死如事生，事亡如事存」，但這僅表示透過繼志實踐孝道，對於生死依然保持明確的分隔。孔子對自我的生死是交於天，如實地接受的。**朱熹**不但集理學之大成，對於鬼神問題，也是儒家中講論最多的人物之一。他

以「理氣論」思考鬼神，同時採用「魂魄論」闡釋人體存在和生死現象。朱熹的宇宙觀承襲漢朝董仲舒的陰陽五行和目的論思想，深信風水、神靈、天人感應等。他認為人的靈魂四處遊走，在子孫祭祀時能與他們感應相通。

老莊思想的影響

老子的生死觀追求效法天地永恆的道，接受生死隨其自然，以實現「死而不亡者」的境地。他主張回歸事物的本源，透過無分別的心態對待生死問題，不再執著於生命的長短境界。老子正視天地自然的生死現象，因此將生死視為一種「出生入死」的過程（《老子・五十章》）。由此看來，老子並非刻意拒絕自然的死亡，而是反對不自然的死亡。在優游於生死之間的同時，老子透過「天長地久」的信念建立了「長生」的理想：「天長地久，天地所以能長且久者，以其不自生，故能長生。」（《老子・七章》）**莊子**繼承老子的思想，透過氣化理論進一步強調了生死之間的連續性和一貫性。「生也死之徒，死也生之始，孰知其紀？人之生，氣之聚也；聚則為生，散則為死。若死生

為徒，吾又何患！故萬物一也。」（《莊子・知北遊》）
莊子將死生視為相互關聯，結合為一氣，並將「死生」納
入道的運行軌律中，表示「以無為首，以生為脊，以死為
尻。」（《莊子・大宗師》）他對妻子的死「鼓盆而歌」
來表達喪妻的悲哀，也可以看出對生死持樂觀態度。

喪葬文化

人類最原始的兩種信仰可分為天地信仰和祖先信仰。
這兩者源自人類早期對自然界和祖先的崇敬，並衍生出各
種崇拜祭祀活動。中國祭祀文化起源於商朝，商人視鬼神
為具有權威，能左右人的命運，因此對鬼神持高度崇敬。
鬼神被劃分為天神、地祇、人鬼三類，其中以祭拜人鬼－
祖先為主要儀式對象。儘管祖先已故，但他們認為其靈魂
依然存在，有能力影響子孫的福祉，因此每天都安排時間
虔誠地進行祭祀。

隨著社會演變至封建社會，受到階級制度和宗族文化
的影響，尤其在儒家文化逐漸成為統治思想的漢朝，統治
者將「忠孝仁義」的倫理觀融入神鬼文化，使祖先崇拜逐

漸成為最具影響力的分支，同時成為統治者維護「君權天授」的政治手段。不論是帝王貴冑還是普通百姓，祭祖成為中國人數千年來持守的核心傳統，促進了喪葬文化的興盛，並強化了中國宗族和家族文化的傳承模式，從而在客觀上推動了神鬼文化的發展，賦予其濃厚的倫理色彩。

道教的影響

中國的鬼神文化中，最為重要的一環是以黃老學說為理論基礎的道教文化。道教的思想起源被普遍認為源自中國古老的鬼神觀念和對神靈的崇拜。隨著社會發展進入封建時期，原始社會保留下來的巫祝文化逐漸融合於道教，實現了道巫的統一，使得人、鬼、神、仙在道教的精神世界中形成共通的體系。

古代人對鬼神和祖先的崇敬促成了各種喪葬禮儀、祭鬼、驅鬼儀式的逐漸形成。道教在這種背景下發展出龐大的神仙體系和嚴格的神仙等級，同時擁有獨特的科儀和符咒法術。這使得道教成為中國文化中一個重要而豐富的元素，對當地信仰體系和宗教實踐產生深遠的影響。

佛教的影響

佛法其實是無神論的，但教義中有地獄等六道眾生，及古印度宗教的輪迴觀念。在西元前後，佛教傳入中國，隨後統治階級將佛教的「地獄」、「輪迴」與道教的「地府」、「陰間」進行融合，形成了「天地人」三界的統一體系。在這個體系中，上層有由「三清六禦」統禦的天宮天庭，諸佛所居住的西方極樂；下層有泰山府君和酆都大帝統領的陰間冥府，以及由地藏王和十殿閻羅治理的地獄三惡道。

雖然中國早已有鬼神的觀念，但對於鬼神的信仰主要著重禍福，而不強調輪迴報應。將輪迴報應與鬼神連結在一起的概念，是在佛教的影響下逐漸形成的。這種融合帶來了中國宗教體系中的新元素，同時也對當地信仰和宗教實踐產生了深遠的影響。

一神教的影響

一神教認為，其信仰的神是創造並主宰世界的無所不在、無所不能、無形無象的精神體。儘管並不否定其他精

神體（如天使、魔鬼等）的存在，但強調這些精神體並非「創造者」，而是「被造者」，因此不能稱之為「神」，也不是崇拜的對象。這種一神教的觀念在**亞伯拉罕諸教**中得到體現，基督宗教（包括天主教、基督新教與東正教）、伊斯蘭教以及猶太教之所以被稱為亞伯拉罕諸教（又稱亞伯拉罕宗教），是因為這三個宗教都認同《舊約聖經》中的亞伯拉罕（阿拉伯語譯作易卜拉欣），並給予他崇高的地位。

相對而言，其他宗教如印度教（多神教）、佛教（無神教）、婆羅門教等則持有不同的觀念。這些宗教認為，所有有生命的存在如果不尋求「解脫」，就會永遠在「六道」（天、人、阿修羅、畜生、餓鬼、地獄）中生死相續，無休止地循環於「輪迴」之中。

【2】
現今社會的宗教行為與
教育對神鬼的理性觀念

　　傳統觀念中，相信人有三魂七魄。當人死亡或屍體腐爛時，七魄會飛散，剩下三魂。這三魂的名稱有兩種說法：一是胎光、爽靈、幽精；另一說是生魂、覺魂、靈魂等。三魂中的其中一魂會下地府接受審判並進行輪迴轉世，一魂歸入肉體，隨著屍體下葬，而另一魂則會依附在神主牌上，接受親人的供奉祭祀。

　　所以生活中就有很多與這死後的魂魄有關的儀式行為。例如，**牽亡魂**科儀是一種引導亡者來到陽世的儀式，透過亡者依附在筆生身上，實現與陽世家屬直接對話。寺廟的**乩童**則是一種靈媒，被神明附身，以預言禍福、指引問事。道院的**考召**和**捉妖**是一種道教用以驅鬼的儀式，法師在進行禁治之前必須了解鬼神的來歷。佛教法會中的**水**

17

懺則以「禮拜諸佛——發露懺悔——發願迴向」為主要精神，眾生透過此懺法可以消釋宿世冤業或超度亡魂。儘管這些宗教儀式在社會中相當普遍，卻經常被文化教育視為迷信和反智的表現。

從科學的觀點來看，鬼神和靈魂等超自然現象與科學的理論存在著對立。相信科學的人通常不相信這些存在。儘管科學在超自然領域採取的態度是「存而不論」，只專注於研究自然世界，但科學觀念也會影響我們對超自然現象的看法，進而在文化中引發宗教與科學之間的間接衝突。**愛因斯坦**有一段很有意思的話：「有些人認為宗教不合乎科學道理。我是一位研究科學的人，我深切地知道，今天的科學只能證明某種東西的存在，卻不能證明某種東西不存在。因此如果我們現在還不能證明某種東西的存在，就不應該斷定它是不存在的……今天科學還沒有把神的存在證明出來，是由於科學還沒有發展到那種程度，而不是神不存在。」因為一直以來，科學知識的發展無法證明神鬼的存在與否，所以使知識分子無法面對生死問題，也就無法明確的教育民眾。

　　綜合上面的討論可知，因為數千年以來，科學的發展與宗教的傳承者無法對話，以至於現今這個科學昌明的時代，有文化、知識的人皆以科學為圭臬，視宗教為唬人的迷信。宗教教義傳播的正確性，及理論驗證的困難性，也是阻礙面對生死的能力。然而當人們注意自己身邊的周遭，卻仍然是教堂、廟宇、佛寺於四處林立，而且信徒絡繹不絕，這並不因為科學的進步而減少、消亡。所以對一個真正自命是知識分子的人，更應該檢視如周遭常常發生，而且是科學無法面對解釋的事件。雖然科學尚未能證明「**神鬼存在與否**」，然而知識份子仍應該將目光移開物質的追逐，轉向面對真正重要的生死問題。這也正是千年以前智者的呼籲，如印度生死書所說的：「有一次，喜歡論辯梵知的諸聖者相遇再一起，彼此相詢：『梵是宇宙的原因嗎？我們自何處而來？而我們來了，誰來保守維繫著我們？當我們命終之日，我們又將去往何方？哦，知梵者，究竟是誰在掌控著我們，使我們受制於某種苦樂的法則而無法得著自由？』」（《白騾氏奧義書（一）》1.1）

　　有些宗教，例如佛教和基督教，與科學之間並無明顯

的衝突，因為這些宗教並非絕對要求一切，包括科學在內，都必須臣服在其獨特的「真理」下。相對而言，擁有深厚神學理論的宗教在近代理性主義啟蒙運動的影響下，經歷去蕪存菁的過程，依然保有極為豐富的內涵。這些宗教透過與科學的相輔相成，對人類文明做出積極的貢獻。例如，佛教中的「**無神論**」就是一個相對特殊的例子。佛法是經由古代修行者的身心實證而傳承的，特別是由彌勒菩薩所傳授的「**瑜伽師地論**」，被博學的**玄奘大師**視為是正確且值得實踐的教義。這部經典延續了聲聞乘經論的大乘佛法，因此與四《阿含經》等同列為當時那爛陀大學的重要課程。《瑜伽師地論》是瑜伽行派的基本論著，同時也是法相宗最重要的經典，代表著新興佛學思潮，即**唯識學**的誕生，並為唯識學的理論奠定基礎，被視為唯識、法相眾學的源頭。

《遺教經》中釋迦摩尼說：「汝等比丘，若攝心者，心則在定；心在定故，能知世間生滅法相，是故汝等，常當精勤修集諸定。」這關於「**生滅法**」的教義，被**無著**、**世親**菩薩「立了文字」成為「瑜伽師地論」。而「勤修諸定」

的教示，則在不立文字的修行者中演變成**禪宗**。因此本書
各章節的論述依據，將依唯識學理論做解說，包括道元禪
師的《正法眼藏》。

其實學習科學、文化知識的人，無法面對生死的問題，
就是因為不知道自己的「心意識」是如何產生運作的。只
要面對這問題、解決這關鍵，就能解開生死的困惑，而這
也是「瑜伽師地論」的重點。

第二篇

正法眼藏的唯識思想

　　既然理解「**心意識是如何產生運作的**」，是真正面對「**生滅法**」（生死）的問題，那麼探討物、境與識覺的運作才是最重要的。《遺教經》中說：「心在定故，能知世間生滅法相」的「生滅法」，被**無著**、**世親菩薩**「立了文字」成為「瑜伽師地論」。佛法的「瑜伽」意謂「一切乘境、行、果等所有諸法」，以其「一切並有方便善巧相應義故，亦即相應」，瑜伽師即是中國歷來常說的禪師。唯識宗雖然與禪宗走在相同的佛法領域，但唯識宗的修行者常是落在文字法塵中。反而不立文字的禪宗修行，是一步一步的證入十七地。從此佛法的修行正脈，分成傳承佛「法」文

字經論的**唯識法相宗**，與不立文字傳承佛「行」的**禪宗**。看道元禪師的《正法眼藏》即可以發現，曹洞法脈能夠很準確的體證「瑜伽師地論」的境地。本章節就是要透過《正法眼藏》的幾篇論說，來說明物、境與識覺的運作。**道元禪師**的思想被認為是日本佛教史上最突出的成就，其著作尤以《**正法眼藏**》一書，成為日本曹洞宗最重要的典籍，亦被公認為日人著作中最高哲學書籍。**曹洞宗**，是禪宗的五個主要流派之一，創始於洞山良价、曹山本寂，後傳至宏智正覺禪師，創默照禪，與大慧宗杲所提倡話頭禪，成為後世禪宗兩大流派。曹洞宗，自詡是正統的禪宗法脈，就其原因乃它是唯識理論的實際行動法門。本章節將用唯識學的理論來解釋各篇的內容。

在此，先對唯識學做簡單介紹。**佛性**，相當於奧義書中的「**梵**」，是創造一切真如，包括識大真如（即是一切眾生覺識的基礎）與物質真如（地水火風空五大所創造的物、境）。「**真如**」，一般佛法中不以法稱之，因為物、境的真如會因不同的眾生識所緣起而有不同的法相，如「一境四心」。《大般若經》中說：「如來真如即一切法真如，

一切法真如即如來真如，如是真如，無真如性，亦無不真如性。」（卷四百四十七）唯識學上說，世間的一切，唯獨是這個心識所變現的，離開能覺知的識，談有無是無意義的（這個觀點，學科學的當然不能認同）。

　　唯識學派對一切「萬有諸法」進行的分類，簡稱「五位百法」。其分為五類：心法、心所法、色法、心不相應行法、無為法。共計有百種法，所以稱為「五位百法」。有情眾生中，心識作用最顯著的，則有八種，稱之為「八識心法」，即眼識、耳識、鼻識、舌識、身識、意識、末那識、阿賴耶識。

　　「心法」具有主動、主宰的支配力，是能緣外境的精神主體，具有能覺知與分別的作用，是慮知的根本，所以心法又稱心王。唯識學派認為宇宙中的森羅萬象，都只是這八個識所產生的假相。「心所法」是隨著心法而起，為心王所擁有，並且和心王相應不離，如貪瞋癡慢疑等。「色法」是因能變的心王緣「**真如**（物、境）」所變。色法自己不能變現，要藉心王、心所才能顯現五根六塵的影像。「心不相應行法」是在心王、心所、色法的作用上，成立

的假法。「無為法」是前面四種有為法滅盡不再生之後，所顯示出來的法，便是無為法。有些學者喜歡強調「唯識無境」、「心外無法」，但「唯識無境」，只是強調主觀的法界而已，因為這樣才有涅槃可言。如果真的是「心外無法」，那就不應該有地水火風空五大，而是只有識大。既然有其他五大，也就應該有客觀的外緣真如（物、境）。**這種物、境的「真如」姑且稱之為真如法。**

【3】
現成公案

　　存在的運作都依著六大：地、水、火、風、空、識的本質，緣起創造而「有」萬法。而這六大的本質是「性本常住」，但「在靜止時（指無識心的緣起作用）是不存在（無），在動（用）時則依**一元性運作原則**（一元性的意義，指彼此之間有關連性，無法明確切割，如萬有引力、作用力，即無法與萬物分離）而存（有）」。

　　例如識大的本質是「覺性光」，就像光的特性一樣，靜止時光的質量為零（也就是光不存在）。當光緣起（用）時，光的世界是時間無限大、空間距離無限小的一元性世界。六大創造的物、境真如，是同時存在於當下（即所有真如萬法均於緣起的當下存在，法住法位的華嚴世界），所以於識心緣起在一元性運作（無我、無人、無眾生、無壽者相）的存在裡，是無時空的差異下而現萬法「有」。

這就是一切事物（諸法）的運作，道元禪師稱它為「現成公案」。所以現成公案的前提是，識大在一元性運作中，與五大運作用時所生的萬法，產生覺知的差別相，是「類之弗齊、混則知處」。

> 當諸法之為佛法的時節，即有迷悟，有修行，有生死，有諸佛，有眾生。萬法不屬於我的時節，無迷悟，無諸佛，無眾生，無生滅。佛道原本跳出豐儉，故有生滅，有迷悟，有眾生與諸佛。雖然說是如此，花從愛惜落，草逐棄嫌生。

覺「識」在人類生命的運作是透過三能變（異熟、思量、了別），經由大腦的物質性運作，賦予名相，再進行認知、分別周遭的一切事務。異熟識經過思量能變，大腦轉變成末那我執識，之後經分別能變轉成意識的二元性（四相分別）的運作，而落入有（我）主客關係、內外（人）關係、有時間（壽者）前後、有空間（眾生）距離遠近等的二元相對性運作。

所以道元說，萬法不落入「我」的時節，是依著一元性運作的實相；但落入有「我」的二元性運作時，相對性

的妄想迷悟、生滅就由此而生。佛道雖然是不落入對立的
關係，但仍是依循著一元性運作的因緣法，有所謂的生滅、
有迷悟、有眾生與諸佛等。這是依著時節因緣而說的，就
像「花從愛惜落，草逐棄嫌生」的因緣法一樣。

> 運自己修證萬法謂之迷，萬法前進修證自己謂之悟。大
> 悟於迷謂諸佛，大迷於悟謂眾生。更有悟上得悟之漢，
> 迷中又迷之漢。諸佛正為諸佛之時，諸佛毋須自己覺知
> 自己之為諸佛。然而諸佛實為證會自性之佛，繼續證佛
> 而不休。

　　運用我執識心的覺知，去認知萬法是「心隨物轉」的
二元性運作，稱之「迷」。讓萬法隨異熟識心的覺知而緣
起，是「物隨心轉」的一元性運作，稱之「悟」。諸佛因
萬法隨心證轉是謂──大悟，但因不分別萬法是謂──迷。
眾生因我識隨物證轉是謂──大迷，但因能分別萬法是
謂──悟。而能分別萬法，又能大轉法輪之佛是「悟上得
悟之漢」。但既心隨物轉，又於萬法中迷著於虛妄法、邪
見者是「迷中又迷之漢」。

　　諸佛在萬法隨心轉的一元性物境緣起當下，識心的覺

知與緣起法是一體的如如相，不落入分別中，所以不會覺知自己為佛。然而諸佛在這一元性緣起法中，是不落入時空有無邊際的戲論。

> 舉身心見取形色，舉身心聽取音聲，雖親自會取，卻非影留鏡面可喻，亦非月映水上之比。證一方時，另一方立即轉為暗。

在一元性境界中，「見色、聞聲」的當下是身心與塵法的全然合一。這種親自會取的全然合一，並非像影留鏡、月映水一樣，有能所的對立可分別。而是在證法的當下，全然是法（能覺識的心隱於法中）。

> 學佛道者，學自己也；學自己者，忘自己也；忘自己者，萬法所證也；萬法所證者，乃使自己身心及他己身心脫落也。若有悟跡之休歇，即令休歇之悟跡長長出。

學習佛法，就是學習認知自己存在一元性境的實相。證知自己在一元境中的運作，是利用末那我執識的「執法為我」，而不落入意識分別的二元性運作。利用我執識，就是與萬法合一的如如，就破除了身心內外、自他的分別隔閡（即身心脫落）。學習佛法時，悟證到一元性境的自

己（見道時）是短暫的，最重要的是不放逸的努力，使身心習於一元性境運作中。

> 當人始求佛法之時，因求法於外，故而離卻佛法邊際。當佛法正傳於己分內時，自己即為本分人。人在舟上乘行，轉眼見岸，則誤認岸在行進。如實轉回來，就舟看舟，則知船自行進。同理，亂想身心而去辨肯萬法，則誤認自心自性為常住。如能親理行履，歸諸簡裡，則可明知萬法不在我之道理。

當人開始探求佛法時，因識心依二元運作起分別，而誤認有能求法的內在我執識心，與所求的外在佛法，這樣修行就與佛法無關。在見道時的一元性境，識心悟證到與法的合一，不落分別，則自知即是佛法的本分。就像是人搭船時，定睛於岸上景物，會誤認岸物在移動，這是心隨物轉。當定睛於自己的船（如反心自觀），則可覺知是船在行進（可知萬法隨心所轉）。所以人這種亂想有身心，去分辨萬法的，常落入能分別的識心以為常住（有**我相**）。如果能將身心的運作回歸到一元性境，則可以了知萬法是不落入有「我」二元性運作的道理。

如薪成灰，不重為薪。雖然如此，不應見取灰在後而薪在前。應知，薪住於薪之法位，雖云薪前灰後，卻是前後際斷。灰住灰之法位，雖云灰後薪先，亦是前後際斷。正如薪成灰之後，不在回頭成薪，人在死後不在回生。如此，不云生轉成死，乃是佛法定說，故曰「不生」。死不轉成生，即是法輪所定之佛轉，故曰「不滅」。生是一時之法位，死亦是一時之法位。例如春冬，不思冬轉成春，不云春轉成夏。

因緣法上，就像是薪材燒成灰，是不可重新為薪材。但不可以認為有時間的關係，薪是在前，灰是在後。因為在一元性境中，所有因緣法是法住法位，是同時於當下存在的（**無壽者相**）。薪住於薪的法位，灰住於灰的法位，而法位間是前後際斷的當下。就像是薪燒成灰後，不在回頭成薪；人在死後也不在回生。因此在一元性境中，佛法說「不生」：法不是由生而轉成死；而「不滅」：法也不是由死而轉成生。在一元性境當下，從因緣法上看，生是一時之法位，死亦是一時之法位。例如四季春夏秋冬，是各住因緣法的法位，不要落入有時間前後相的冬轉成春、

春轉成夏的思維運作。（這是指萬法必須有情識依物、境的真如法緣起，這緣起是沒有時間相的。至於物、境的真如法變化如薪燒成灰，是否依著物理法則變化，這是佛向上事，不在心行、言語討論的範圍。）

> 人之得悟，有如月映水上，月不濡而水不破。光雖廣大，宿於尺寸之水。全月彌天，既宿於露，亦宿於一滴之水。悟不破人，如同月不穿水。人不罣礙悟，亦如滴露不罣礙天月。一滴水深，容有月高分量。時節之長短檢點大水小水，辨取天月之廣狹。

　　人得以悟證一元性境，就有如月映於水的合一，月並不被水弄濕，水不被月所弄破。月光雖廣大，仍可於尺寸的水中呈現。月亮圓大彌天，卻也能在草上露珠，或一滴水中呈現全相。人並不因悟證一元性境而改變，如同月呈現於水中而不破水。人不阻礙一元性境的運作，亦如露珠不阻礙月亮的呈現。一元性境的運作是無空間距離的關係（**無眾生相**），就像是一滴水的深度，也可以容下天月的深廣。而這種天月廣狹的關係，只是依著大水小水的時節因緣，而變化呈現而已。

身心還未參飽佛法，就會容易感到已得佛法。佛法充足
於身心之時，反覺還未得法。譬如乘船出海，眺望四方，
則見海只如圓形，而非方狀。然而大海既非圓形，亦非
方狀，卻顯種種海德，無限無量。海水時而有如宮殿，
時而有如瓔珞，只是船上之人見海，顯為圓形而已。萬
法亦是如此。塵中格外，各有許多樣子，人卻只在參學
眼力限制下見取會取。如要見聞萬法之家風，應知方圓
之外，尚有其他海德山德，無有窮盡；自身有限眼界之
外，另有千萬世界。不僅自己身旁是如此，不論自己身
心之中，不論一滴之水亦皆如此。

　身心尚未融入一元性境時，因二元運作的妄覺仍有時
間、空間的限制，所以會有法的邊際的妄想，也就容易感
到已得佛法。但當身心與法合一的一元性境時，因時空的
觀念不存在，法的邊際也無法覺知，反覺還未得法。譬如
乘船出海，眺望無邊際的四方，則見海只如圓形，而非方
狀。然而大海的形狀是無限無量，只是由船上之人見海，
顯為圓形而已。萬法的呈相也是如此，因緣而有所不同（唯
識所見）。萬法在一元性境與二元性境各有許多樣子，人

卻只能在參學能力限制下見取會取。所以若要知道萬法的
呈相，需知這是唯識所現。因識心的界限（如六道之差異）
之外，另有千萬世界。不僅自己身旁是如此，不論自己身
心之中，不論一滴之水亦皆如此。

> 魚在水中游行，水無際涯；鳥在天空飛行，天空亦無界
> 限。然而自古以來，魚未離水，鳥未離天，只是用大之
> 時則使大，要小之時則使小而已。如此，頭頭無有不盡
> 邊際，處處無不踏翻；但如鳥出離天空立即死去，魚如
> 出離水亦即刻死去。是故應知，以水為命，以空為命，
> 以鳥為命，以魚為命，以命為鳥，以命為魚。又更可進
> 一步說明之。修證及其命者壽者，道理亦是如此。如果
> 鳥欲預先窮盡天空，魚欲窮盡海水，則於水於天皆不得
> 道，不得安身立命之處。

　　魚在水中游，應不覺水有邊際，因為這是一體的存在
因緣；就像鳥在空中飛，亦應不覺空有邊際一樣。魚之於
水與鳥之於空一樣，都是因緣法的必要關係，只是用大之
時則使大，要小之時則使小而已。也因是一體的關係，魚
於水中可以處處任其優游；鳥於空中可以到處翱翔。但也

因這一體的因緣關係，魚離水必死，鳥無空必亡；這是緣滅的必然法則。所以要知道，因緣法中存在的必要條件就是此法的「命」，有以水為命，以空為命，以鳥為命，以魚為命；然而因緣法的存在也是相互依存的，所以也可以說以命為鳥，以命為魚。所以眾生有修證、有我識命根成就（欲界、色界），也是依此因緣法則。然而，魚如果把水當做外在的法去探求，那魚就有脫離了水的錯認，也就迷失了魚水一體的道，就無法安身立命。鳥之於空也是一樣。

> 如得其道，則此行履自然就顯現成公案。此道此所，非大非小，非我亦非他，非過去早先如此存在，亦非現今始有；隨時隨地即是如此。然則，人如修證佛道，即得一法通一法，遇一行修一行。如此，得安住之所，通達於道；此所此道決非所知對象，蓋與佛法之究盡同生同參之故。勿以得處成自己之分別知見，用慮知予以把握。證究雖即現成，密有不必即是現成，現成何必是如此。

如果是魚水一體，鳥空一法，則魚鳥皆得其所，此就是因緣法自然呈現的一體性──現成公案。此道此所是在

一元性境，不落入相對的大小（無眾生相）、自他（無我相、無人相），三世（無壽者相）的運作，萬法是當下的絕待。然則，人如果修證佛道，也是得一法通一法，遇一行修一行；是沙門住沙門法位；羅漢住羅漢法位。此所此道決非所知對象，蓋因此知與道（佛法之究竟）是一體的當下。所以不要再將所修證的一元性境當下，落入頭腦二元性的識心分別成知見，把頭腦的分別慮知當成一元性無分別的覺知。修證一如雖是法的絕待，但法是唯識所現，內證的識心不必即是現成的法，現成的法也不必一定是要如此（即緣起法可因識而異，如天道、人道）。

> 麻谷山寶徹禪師使用扇子。當時有僧來問：「風性常住，無處不周。和尚何故使用扇子。」 師曰：「汝只知風性常住，卻未知道無處不周底道理。」 僧曰：「如何是無處不周底道理。」 時禪師只管使扇。僧禮拜。佛法之證驗，正傳之活路，即是如此。此僧所云「風既常住，則勿用扇子，不用扇子仍有風吹」，實不知風性為何。風性常住之故，佛家之風現成大地之黃金，參熟長河之酥酪。

　　麻谷山寶徹禪師舉扇子的例子教導僧徒,「風性常住,無處不周」的道理。六大的風性本質是常住,但「在靜止時是不存在(無),在動(用)時則依一元性運作原則而存(有)」。所以僧徒問:「如何是無處不周底道理?」寶徹禪師只管使用扇子表示,風性只有在用時是呈現無處不周底道理。所以佛法之證驗,正傳之活路,即是如此。就是因這風性的常住,在一元性運作下,佛法的風(用)即可成就大地為黃金,變長河成酥酪。

"

【4】
佛　性

"

釋迦牟尼佛言：「一切眾生，悉有佛性；如來常住，無有變異。」此乃吾等大師釋尊獅子吼之轉法輪，亦是一切諸佛、一切祖師之頂顛眼睛也。參學以來，已二千一百九十年，正嫡才五十代（至先師天童淨和尚）。西天二十八代，代代住持，東地二十三世，世世住持；十方諸佛，共皆住持。釋尊所道之：「一切眾生，悉有佛性」，其宗旨如何？此即「是什麼物恁麼來」之道轉法輪也，或云眾生，或云有情，或云群生，或云群類。悉有之言，即眾生也，群有也；即悉有者，佛性也。悉有之一悉，謂之眾生。正當恁麼時，眾生之內外，即是佛性也之悉有也。非唯單傳之皮肉骨髓，蓋因汝得吾皮肉骨髓之故。

　　佛法中的**佛性**，相當於《奧義書》中的「**梵**」，是創

造一切真如，包括識大真如（即是一切眾生覺識的基礎）
與無情真如（地水火風空五大所創造的物、境）。釋尊說：
「一切眾生，悉有佛性」（道元禪師於此，佛性代表有覺
智識大創造的有情白淨識），這句話的意思，就是六祖慧
能問南嶽懷讓的話：「是什麼物恁麼來？」的深意。因為
不管是眾生、有情、群生、群類，舉凡存有的，都是因佛
性而有。所以也可說凡「有」（有情覺識），即是眾生也，
群有也；亦即凡「有」，即是佛性也。眾生也是「有」當
下的全然。在這全然地當下，眾生的內外，也即是全然的
佛性，即無主客、內外的差異（無我相、無人相）。所以
說佛法的單傳，並非落入分別的皮肉骨髓（指肉體報身），
而是有情識的法報化三身的全然傳承。

> 當知今之佛性悉有之有，非有無之有。悉有者，佛語也，
> 佛舌也。佛祖眼睛也，衲僧鼻孔也。悉有之言，更非始
> 有，非本有，非妙有等，何況緣有、妄有哉？（悉有）
> 不關心、境、性、相等。然則，眾生悉有之依正，全不
> 在業增上力，不在妄緣起，不在法爾，不在神通修證。
> 若眾生之悉有乃為業增上力及緣起、法爾等，諸聖之證

> 道及諸佛之菩提、佛祖之眼睛亦應為業增上力及緣起法
> 爾。非然也，盡界皆無客塵，直下更無第二人，蓋因「直
> 截根源人未識，茫茫業識幾時休」之故也。非妄緣起之
> 有，蓋因「遍界不曾藏」之故。所言「遍界不曾藏」者，
> 非謂滿界是也。遍界我有者，外道之邪見也。非本有之
> 有者，因互古互今故；非始起之有者，因不受一塵故。
> 非條條有者，因合取故。非無始有之有者，因「是什麼
> 物恁麼來」故。非始起有之有者，因吾常心是道故。當
> 知於悉有中，眾生快便難逢也。如此會取悉有，悉有即
> 透體脫落也。

應該知道這所謂的悉「有」的「有」，不是有無之有。
因為「有」，即是眾生，即是佛性。所以「悉有」者，可
以說是佛性的識大創造的有情識，是佛語、佛舌、佛祖眼
睛、衲僧鼻孔（意指佛法之根本，即有情識）。悉「有」
也不可說是始有，本有，妙有，緣有、妄有等。而「悉有」
是無關於心、境、性、相等，「悉有」就是佛性全然的現
成。而眾生有情識是依佛性識大（悉「有」）創造而來的，
故也不是經業增上力，不經妄緣起，不在法爾，不經神通

40

修證。因為如果眾生的有情識（悉「有」）是因業增上力及緣起、法爾等，那麼諸聖之證道及諸佛之菩提、佛祖之眼睛亦應為業增上力及緣起法爾。這樣就落入修證分兩頭，有主客、時間、空間的分別，而非當下的全然（即落入眾生相、壽者相）。然而，在一元性境是「盡界皆無客塵，直下更無第二人」的全然，這是因為「有」，是業識（阿賴耶識）的異熟種子所展現的現成。所以道元引用悟境的禪詩，「直截根源人未識，茫茫業識幾時休」。也不是虛妄緣起之有，因為這業識是「遍界不曾藏」。

　　但所說「遍界不曾藏」的業識，並非表示是一圓滿的實相「我」（指未染污的白淨識）。把遍界（指外緣的無情真如法）當成「我」有，是外道的邪見。這業識「有」，不是本有之有者，因為從古至今因業力串流變化著。業識「有」，也不是始起之有者，因為「有」是現成，不需另一法塵才現（即業力非法塵）。業識「有」，也不是條條（有各個成分）有者，因為這「有」是合取的一體。業識「有」，不是無始有之有者，因為「有」是現起的，是「是什麼物恁麼來」（指佛性創造的識性）的。業識「有」，

不是始起有之有者，因為「有」就是佛性（指有情覺識），就是眾生，就是吾人的平常心。應當知道在「悉有」中，眾生當即現成，不更需造作也。這樣認知「悉有」，「悉有」就全然展現了。

> 震旦第六祖曹溪山大鑒禪師，昔參詣黃梅山，五祖問：「汝自何處來？」六祖曰：「嶺南人也。」五祖曰：「來求何事？」六祖曰：「求作佛。」五祖曰：「嶺南人無佛性，如何作佛？」此「嶺南人無佛性」之語，非謂嶺南人無有佛性，非謂嶺南人有佛性，乃謂「嶺南人，無佛性」也。所言「如何作佛」，即謂如何期待作佛也。蓋佛性之道理，明曉之先達甚少。非阿笈摩教及經論師之所知曉，唯佛祖之兒孫單傳也。佛性之道理者，非謂佛性於成佛之前具足，乃謂於成佛之後具足也。佛性必與成佛同參。此道理，須當功夫參究。須當功夫參究三二十年。非十聖三賢所能明了。道取「眾生有佛性，眾生無佛性」者，乃此道理也。參學其為成佛以來所具足之法者，正鵠也。不恁麼參學者，非佛法也。不如是參學，則佛法不應傳至今日。若此道理不明，則不明成

佛，不能見聞（佛法）也。是故五祖向他道時，為之道
「嶺南人，無佛性」也。見聞佛法之初，難得難聞者，
「眾生無佛性」也。或從知識或從經卷，所喜者，眾生
無佛性也。不於見聞覺知中參飽一切眾生無佛性者，佛
性尚未見聞覺知也。六祖專求作佛，五祖善使六祖作佛，
既無別之道取，亦無善巧，但云「嶺南人，無佛性」。
當知無佛性之問取道取，此乃作佛之直道也。然則無佛
性之正當恁麼時，即作佛也。於無佛性尚未見聞，尚未
道取者，即尚不能作佛也。

　　五祖傳法與六祖的這則公案，道元禪師認為「嶺南人
無佛性」這句話，不是說嶺南人沒有佛性，也不是說嶺南
人有佛性，而是說「嶺南人，無佛性」（意思說：未曾聽
聞佛法的嶺南人，見聞佛法之初，是落在「嶺南人」這二
元分別名相，這是虛妄的，不是佛性本身的緣起法相，故
說是「無佛性」）。所說的「如何作佛」，即是說如何期
待作佛。因為佛性的道理，明曉的先達甚少。不是部派佛
教及經論師的教導所能知曉的，唯佛祖之兒孫單傳此理。
佛性的道理，不是說佛性於成佛之前具足（因有業力無

明），而是說於成佛之後具足。佛性必與成佛一同參究。
此道理，須當下功夫參究。須當功夫參究三二十年（成佛
之前雖是佛性的體現，但因為業力無明的染污無法證得。
經修證的功夫，在緣起時我法一如的當下，才真正證得佛
性）。非十聖三賢（這心識仍在能所二元性的運作）所能
明了。所以說「眾生有佛性，眾生無佛性」，也是依此道
理。參學明了在成佛之後所有具足的法（一元性運作法的
現成），是正中目的的參學。不恁麼（修證一如的一元性
運作）參學，就不是佛法。不如是參學，則佛法就不可能
傳至今日。若此道理不明了，則不明白成佛（我法一如的
現成），也就不能真正見聞佛法（即佛性現前時，即是修
證一如時，也就是聽就是聽，看就是看得當下）。因此五
祖向六祖說時，是用「嶺南人，無佛性」。如果見聞佛法
之初，難得難聞這道理的人，是「眾生無佛性」。或從頭
腦知識或從經卷書籍學習，而喜好用這種方式（即有能學
佛的人，與所學的佛法，落入修證分兩頭的二元性運作），
也是「眾生無佛性」。不在日常的見聞覺知中（就是聽就
是聽，看就是看的當下），參究明了一切眾生無佛性的，

佛性尚未在見聞覺知中呈現（因仍陷在二元性能所的運作方式）。六祖專求作佛，五祖善於誘使六祖作佛，無特別的說法，也不用善巧，只說「嶺南人，無佛性」。應當知道這無佛性的問答，就是作佛之直截道理。

六祖曰：「人有南北，佛性無南北。」須當舉此之道取，功夫於句裡。南北之言，當赤心照顧。六祖道得之句中，有宗旨。即有所言「人雖作佛，佛性不須作佛」之一隅之理趣。六祖知之否？五祖、四祖道取之「無佛性」，遙有承受一隅之無窮力量；迦葉佛及釋迦牟尼佛等諸佛，作佛轉法輪，道取「悉有佛性」之力量也。悉有之有，何不嗣法於無無之無？蓋無佛性之語，遙聞自四祖五祖之室。爾時，六祖若是其人，當功夫此無佛性之語。須當問取「有無之無暫且不管，如何是佛性」，須當詢問「何者是佛性」。今人聞及佛性，不問取「如何是佛性」，而言佛性有無等之義，乃倉卒也。然則諸無之無者，須當向無佛性之無參學。六祖道取之「人有南北，佛性無南北」，須當久久再三撈摝。撈波子裡應有力量也。六祖道取之「人有南北，佛性無南北」，須當靜靜拈放。

> 愚輩以為：若質礙於人，雖有南北，而佛性虛融，非南
> 北之論之所及。如此推度六祖之道取，實為無分之愚蒙。
> 須當拋卻此等邪解，直須勤學。

六祖說：「人有南北，佛性無南北。」須當好好參究舉這話，句裡有很深的意義，尤其是「南北」的說法。六祖這句話跟「人雖作佛，佛性不須作佛」（是說人作佛時是佛性的現前，但佛性不必就是如此。所以下面道元禪師，才提出佛性是無常，是因識〔如天道、人道〕而異的），是有相同的意義。六祖不知是否此意？五祖、四祖所說的「無佛性」，遙有承受此意義的無窮力量；也是迦葉佛及釋迦牟尼佛等諸佛，作佛轉法輪，所說「悉有佛性」的力量。悉有的「有」，為何不說也是同於無無的「無」？（因這「有」、「無」都是佛性的現成，是唯識而有、唯識而異、唯識而無）這無佛性的說法，是遙聞自四祖五祖的殿堂。那時，六祖若知其深意，應當對此無佛性的說法下功夫。須當參究問取「有無之無暫且不管，如何是佛性」，須當詢問「何者是佛性」。現在的人聞及佛性，不探問「如何是佛性」（指白淨識因何而染污成六道眾生識），而去談

佛性有無等的意義，這是倉卒的行徑。然而要參究諸無的
「無」，即應參究無佛性的「無」（指業力造成的無明）。
六祖說的「人有南北，佛性無南北」（指雖然無明業力使
六道眾生落入不同道，但眾生本質的白淨識是一樣的），
應當久久的下功夫。這撈摝的功夫裡應有力量。六祖說的
「人有南北，佛性無南北」，應當靜靜細心推敲。凡愚的
人以為：「若質礙於人，雖有南北，而佛性虛融，非南北
之論之所及。」如此推斷六祖的問說，實在是不懂佛法的
愚蒙。應當拋卻此等邪解，直須勤學。

> 杭州鹽官縣齊安國師，馬祖下之姿尊宿也。因示眾曰：
> 「一切眾生有佛性。」
> 所謂「一切眾生」之言，須即參究。一切眾生，其業道，
> 依正非一，其見亦殊。凡夫外道，三乘五乘，各不相同。
> 今佛道所云之一切眾生，有心者皆是眾生，以心是眾生
> 故。無心者亦同為眾生也，以眾生是心故。然則心皆是
> 眾生也，眾生皆是有佛性也。草木國土是心也。以是心
> 故，即是眾生也。以是眾生故，即有佛性也。日月星辰
> 是心也。以是心故，即是眾生也。以是眾生故，即有佛

性也。國師道取之有佛性，其如是也。若非如是，即非佛道所道取之有佛性也。今國師道取之宗旨者，唯「一切眾生有佛性」而已。更非眾生者，即非有佛性也。且問國師：「一切諸佛有佛性也無？」須當如此問取、試驗之。不云「一切眾生即佛性」，須當參學「一切眾生，有佛性」之謂。有佛性之有，當脫落之。脫落者，一條鐵也。一條鐵者，鳥道也。然則一切佛性有眾生也。此道理非但說透眾生，亦說透佛性也。國師雖未以會得承當之為道得，然不無承當之期。今日之道得，並非徒無宗旨。又，自己所具足之道理，雖未必能親自會取，然有四大五蘊，亦有皮肉骨髓。是故道取者，有一生之道取，亦有關乎道取之生生。

　杭州鹽官縣齊安國師，馬祖下的尊宿。曾經告示大眾說：「一切眾生有佛性。」所謂「一切眾生」的說法，應須好好參學究取。一切眾生，因其業識及所處的六道，蘊界處的依、正也不一樣，其所見萬象也差異很大。凡夫、外道，三乘、五乘聖人，各不相同。今佛道所說的一切眾生，有心的有情（見聞覺知）皆是眾生，因為心的現成即

是眾生。而**無心的無情也同為眾生**，以眾生是心的現成（唯識所現）。然而心皆是眾生，因為眾生皆是佛性的現成。草木國土是心的現成。因是心的現成，即是眾生。因是眾生，即是有佛性。日月星辰是心的現成，即是眾生。因是眾生，即是有佛性。國師所說的有佛性，應該是如是。如果不是如此，即非佛道所說的有佛性。且問國師：「一切諸佛有佛性也無？」應當如此詢問取著、試驗探究。不說是「一切眾生**即**佛性」（業識是染污的，不能等同佛性），須當參學所謂的「一切眾生，**有佛性**」。有佛性的有，應當是法的現成。國師這句話中的「有」，應當脫落之。「脫落」，意即是一條鐵般的一實相。「**一條鐵**」，即是無人跡處的鳥道（指實相）。然而一切佛性有眾生。此道理非但說透眾生，也說透佛性的義理。國師雖然未以會得（了解佛性）承當之為道得（證得佛性），然不無可承當的期許。國師今日能道得，並非無徒無宗旨（指能證得就能淨化心識）。又，物境真如法的法位現成雖是自己所能緣起法相，未必能親證真如法相（因真如法會因業識不同，而有不同的法相），然而仍是具有四大五

49

蘊（無情、有情），又有皮肉骨髓（依他及遍計執的法）
的法相。是故親證佛道的，有一生的（當下成佛道），也
有關乎生生的（累世修證的成佛）。

【5】
身心學道

佛道者，擬不道而不得，擬不學而轉遠。南嶽大慧禪師曰：「修證非無，污染不得。」不學佛道，則墮於外道、闡提等之道。是故，前佛後佛，必修行佛道也。學習佛道，且有二種，所謂以心學，以身學也。謂以心學者，即以所有諸心而學也。謂其諸心者，質多心，汗栗馱心、矣栗馱心等也。又，感應道交，發菩提心之後，則皈依佛祖大道，學習發菩提心之行李也。設若尚未發真實之菩提心，然先當發菩提心，學習佛祖之法。發菩提心也，赤心片片也，古佛心也，平常心也，三界一心也。

佛法這條路，如果不去做就得不到，如果不參學就轉而離遠。南嶽大慧禪師說：「佛法這條路，身心去修證並非沒有，但落入煩惱就得不到。」不學習佛道，則易墮於外道、斷善根的闡提等的邪見。所以，從前成就佛道的及

將來要成就佛道的，都必須修行佛道。學習佛道，有二種
即所謂以心學，以身學。所謂以「心學」的，即是以所有
諸心而學。所謂「諸心」，包括依止觀分別的質多心（慮
知心），汗栗馱心（自性清淨心、草木心）、矣栗馱心（止
觀積聚精要心）等。又若與佛道交流有心感神應，發無上正
等正覺心之後，這是信根，就是皈依佛祖大道，這是學習發
菩提心的行履。設若尚未發真實的菩提心，則應當先發菩提
心產生信根，才學習佛祖的法。「發菩提心」，是赤心片片，
是古佛心，是平常心，是三界同一的心（即相信有佛性識）。

> 有放下此等之心而學道者，有拈舉此等之心而學道者。
> 是時，思量而學道，不思量而學道。或正傳金襴衣，或
> 稟受金襴衣。或有汝得吾髓者，或有三拜依位而立者，
> 有碓米傳衣，以心學心者。剃髮染衣，即回心也，明心
> 也。逾城入山，是出一心、入一心也。山之所入者，是
> 思量個不思量底也。世之所捨者，是非思量也。團之於
> 眼睛二三斗，弄之於業識千萬端也。如是學道，有功賞
> 自來，有賞而功若未至，然當私借佛祖之鼻孔令其出氣，
> 拈起驢馬之腳蹄令其印證，則是萬古之榜樣也。

　　有無此等心而學佛道的，有標榜用這些心而學佛道的。那時，有用思量而學佛道，有用不思量而學佛道。或是如迦葉嫡佛祖傳的金蘭法衣而得法的，或是如西天禪宗諸祖稟受祖師的金蘭法衣而得法的。或如達摩祖師傳法二祖時說：「汝得吾髓」，或如二祖慧可「三拜依位而立」而得法的，有如六祖碓米參學而得五祖傳法衣的，是以心學心的傳心要。受戒剃髮染衣，即是回心向佛，即是明心求法。如釋尊為求真理而逾城入山，是脫出一凡心、證入一真心。所入的「山」，是像在思量一種不可思量底狀態。世間人所捨棄的，是這種「非思量」（無法用二元性分別的）的真實境。這「非思量」的緣起萬法是團集於眼睛些許，卻因業識操弄出千頭萬緒。能如是學道，就有成就的修證自來，但有賞修而功證若未至，當更反求自己佛祖的鼻孔（即識心，指更深入自心修證）直探緣起法去契入，當拈起緣起法的佛性現成（驢馬的腳蹄）去印證，則這即是萬古修證佛道的榜樣。

> 且山河大地，日月星辰，是心也。此正當恁麼時，如何
> 保任現前？謂山河大地者，山河比如山水也。大地非只

在此處。山亦當多，有大須彌、小須彌；有橫處，有豎處。有三千界，有無量國。有關乎色者，有關乎空者。河亦當更多，有天河，有地河，有四大河，有無熱池。北俱盧州有四阿耨達池，有海，有池。地非必是土，土非必是地。亦當有土地，又當有心地，當有寶地。雖謂萬般，然地不可無，亦有以空為地之世界。日月星辰者，人天所見當有不同，諸類所見亦不同。恁麼故，一心之所見，是一齊也。此等既是心也。為內耶？為外耶？為來耶？為去耶？生時增一點耶？不增耶？死時去一塵耶？不去耶？此生死及生死之見，欲置之於何處？向來但是心之一念二念也。一念二念者，一山河大地，二山河大地。山河大地等，既不是有無，亦非大小，非得不得，非識不識，非通不通，不變悟不悟。

而且山河大地，日月星辰，這是「識心」的現成（指相同無情真如法依有情識緣起的法相不同）。在這「恁麼」（識心依真如法緣起）的當下，如何保持住所依的物境真如法呈現成的法相？所謂「山河大地」，山河就比如是山水。而大地非只在這娑婆世界。現障礙相的「山」也有很

多法相，有大須彌山、小須彌山；有橫著的，有豎著的。有三千法界的，有無量佛國的。有關乎色法的，有關乎空法的。「河」也是有更多法相，有天河，有地河，有四大河（阿耨達多池的四面流出），有無熱池（贍部州大雪山北側）。北俱盧州有四阿耨達池，有海，有池。而「地」大（堅性）也不一定是現土相，而「土」的障礙相不一定是地大的堅性。所以有所謂的土地，也當有心地，當有寶地。雖然有這麼多，然而地大的堅性是不可無，也有以空（無礙性）為地之世界。所謂的「日月星辰」，人道與天道所見到的應當有所不同，而其他各類所見也不同。「恁麼」是佛性功德的展現，所以一心的覺知功德，應是相同的。既然這些是「心」。有內、外嗎？有來、去嗎？法相生成時是增一點嗎？還是不增呢？法相死滅時是去一塵嗎？還是不去呢？這裡的「生死」相及生死的覺知，是發生於甚麼樣的境地呢？其實這些一直也都只是識心的一念二念而已。所謂的「一念二念」，這一念現的是山河大地，二念現的也是山河大地。而這山河大地等的法相現，既不是有無，也不是大小，不可說有得或不得，也不可落入可

慮知的或不可慮知的，不是通達聰慧的差異作用，也不是
悟境的變動。

> 須當決定信受，如是之心自以學道為習慣，即謂心學道。
> 此信受，其非大小有無。今知家、非家、捨家、出家之
> 學道，其非大小之量，非遠近之量。遠離鼻祖鼻末，亦
> 遠離向上向下。有展事，七尺八尺也；有投機，為自為
> 他也。恁麼者，即是學道也。學道者以恁麼故，牆壁瓦
> 礫是心也。更非三界唯心，亦非法界唯心，牆壁瓦礫也。
> 造於咸通年前，破於咸通年後。拖泥帶水也，無繩自縛
> 也。有引玉之力，有入水之能。有溶解之日，有破碎之
> 時，有極微之極之時。不與露柱同參，不與燈籠交肩。
> 以如是故，赤腳走而學道者，誰人著眼看？翻筋斗而學
> 道者，各有隨他去。此時，壁落是令學十方，無門是令
> 學四面。

必須以堅決的心深信佛道，且接受於日常的身行，
如是的心是以學佛道為習慣，即是所謂**心學道**。這種「信
受」，並非是量的大小、有無。現在所說的在家、非在家、
捨棄家、出離家的學習佛道，其不是有量的大小，不是有

遠近的差異。是無關於祖師的傳承,也無關於佛法的深淺。但這是有事相的展現,如七尺八尺等;是有心行的投入,為自己目的或為他人所教導。像法的緣起「恁麼」的當下,即是學習佛道(指識心覺知當下的公案現成就是佛法)。學習佛道的以「恁麼」當下,則牆壁瓦礫也是心(指有覺知的心才有諸法的相)。更非說是三界是唯心所現,亦不是說法界是唯心所現,牆壁瓦礫即是佛性的現成。這佛性的法現成,是如依著因緣有而成就於咸通年(指緣起法的正報身)前的,也依著因緣無而破滅於咸通年後的(《古尊宿語錄》〔48 卷〕「又因疎山示眾云老僧咸通年已前會得法身邊事咸通年已後會得法身向上事」)。是依著因緣而有「拖泥帶水」的,依著因緣而有「無繩自縛」的。緣起法的現成依著因緣有引玉的力量,有入水的能耐。緣起法相有溶解的時節,有破碎的時節,有極極微小的時節。然而這識心信受的學道,並不與無情的露柱、燈籠交肩同參(即能緣的識心與所緣的真如法不同,燈籠露柱,意謂以本來面目而呈現者,即指無情物境的真如法)。因為如此,依如實行履而學習佛道的,有誰會注意到呢?而用各

57

種花俏法門，像翻筋斗般而學習佛道的，各有許多隨他的
門徒。然此，要學習佛道是萬法的公案現成，是淨裸裸赤
灑灑的「十方無壁落，四面亦無門」（即佛道緣起法的一
元性公案現成，無法用二元性學習的方式）。

> 「發菩提心」者，或有於生死中而得之，或有於涅槃而
> 得之，或有於生死涅槃之外而得之。雖不待處，然亦不
> 礙發心之處。非境發，非智發，是菩提心發也。發菩提
> 心者，非有非無，非善非惡，非無記。非由報地而緣起，
> 天有情不定可得。以唯正隨時節而發菩提心也，不關依
> 報故。發菩提心之正當恁麼時，法界悉發菩提心也。雖
> 相似於轉依，然非被依所知。共出一只手也，自出一只
> 手也，異類中行也。於地獄、餓鬼、畜生、修羅等中，
> 發菩提心也。

「發菩提心」這事（指證得我法一如的當下，即公案
現成的當下），或有於生死中（指生有）而得以發生，或
有於涅槃（指死有）而得以發生，或有於生死涅槃之外（指
中有）而得以發生。雖不是有待發的處所，但也不礙發心
的處所（即三界眾生均可發）。非依境而發，非依智而發，

58

是「菩提心」現成而發。「發菩提心」這事，不是有無，不是善惡，也不是無記。不是由依報地而緣起，諸天有情不一定可得以發生（仍受業力無明所障）。「發菩提心」這事是唯有隨時節因緣，不關依報處所。發菩提心的當下，法界是一起成就這「發菩提心」的因緣。這雖相似於轉變所依（阿賴耶識），但不被所依所覺知（指白淨識不是有無明的第八識）。是諸因緣所成就，如同共出一只手（指公案現成的緣起法，是有情識因業力依真如法緣起法相）；也是「菩提心」（指白淨識）恁麼的現成，如自出一只手；是佛果位以外的因位（欲界、色界有情）中的行履。是於地獄、餓鬼、畜生、修羅等因位有情中，發菩提心。（「**轉依**」謂菩提涅槃之二果也。轉者，轉捨轉得之義。依者所依之義，指第八識，第八識為依他起性之法，此中藏煩惱所知二障之種子，及無漏智〔即菩提〕之種子。）

謂「赤心片片」者，片片皆是赤心也。非一片兩片，片片也。「荷葉團團團似鏡，菱角尖尖尖似錐。」雖似鏡，然片片也。雖似錐，片片也。謂「古佛心」者，昔有僧問大證國師曰：「如何是古佛心？」時國師曰：「牆壁

瓦礫。」是故，當知古佛心者非牆壁瓦礫，非以牆壁瓦礫謂古佛心。古佛心，其如是學之也。

所謂「赤心片片」，是片片皆是赤心（指緣起法皆是「菩提心」〔白淨識〕功德）。非一片兩片，是全然的片片（指菩提心於萬法是遍界不曾藏）。「荷葉團團團似鏡，菱角尖尖尖似錐。」識心緣起雖圓團雖是似鏡，但是全然的現成。識心緣起角尖雖是似錐，也是全然的現成。所謂「古佛心」（指有情覺識），昔有僧問大證國師說：「如何是古佛心？」當時國師說：「牆壁瓦礫。」但是應當知道「古佛心」不是無情的牆壁瓦礫，不是把牆壁瓦礫當成是古佛心。是說要體證牆壁瓦礫無情法是依識心緣起有的，這是古佛心的功德。

謂「平常心」者，不言此界他界，但言平常心也。昔日由此處去，今日從此處來。去者漫天去，來者盡地來，是平常心也。平常心開門於此屋裡，千門萬戶一時開閉故，是平常也。今此蓋天蓋地者，如不覺之詞，如噴地之一聲。語等也，心等，法等也。壽行生滅，雖剎那生滅，然最後身之先曾不知。雖不知，然若發心，必進菩提之道也。既有此處，不得更疑。既有疑事，即平常也。

　　所謂「平常心」，不說有界的分別，只是說日常行履的用覺識心處。昔日因緣法由此處滅去，今日因緣法從此處生起來。滅去的是毫無邊際（全然的）消失去，生起來的也是窮盡地際（全然的）而來，這即是「平常心」緣起萬法的運作。平常心開門於此五蘊屋身裡，則五蘊身的千門萬戶一時開閉，這即是「平常心」。這裡所說蓋天蓋地的「平常心」，包括如落入不被心意識覺知的語詞，如不落入心意識噴地的一聲。包括話語等，心法等，色法等。這些因緣法隨著時間相生滅，雖然剎那生滅，然最後身的因緣法位並不會覺知到下一法位的發心。雖然不會覺知到，但若因緣法成熟發心，必然進菩提的道路。既然有此發菩提心的因緣法位，不應懷疑無明障礙。但既然有無明障礙的因緣法位，這也即是識心業力的平常運作。

> 謂身學道者，以身學道也，赤肉團之學道也。身者，從學道而來；從學道而來者，皆是身也。盡十方是個真實人體也，生死去來真實人體也。晬視此身，離諸十惡，奉持八戒，皈依三寶而捨家出家者，是真實之學道也。故言真實人體。後學莫同自然見之外道！

61

所謂「**身學道**」，是以五蘊身學道，赤肉團的學道。所謂「身」的因緣法，是有情識依業力的因緣法而來；從有情識依業力緣起而來的，皆是成就身的因緣法。盡十方法界是有情識依真如法緣起，所成就的「真實人體」，是個會有生死去來因緣變化的「真實人體」。睨視這「身」，若能離諸十惡，奉持八戒，皈依三寶而捨家出家的，是真實的學道。所以說這「真實人體」，後輩學佛道的人，莫同持自然見的外道，把這「真實人體」當成本是清淨、解脫的佛！

百丈大智禪師曰：「若執本清淨本解脫自是佛，自是禪道解者，即屬自然外道。」此等，非閑家之破具，是學道之積工累德也。跋跳而玲瓏八面也，脫落如藤倚樹也。或現此身得度而為說法也，或現他身得度而為說法也，或不現他身得度而為說法也，乃至不為說法也。然則捨身之處，有揚聲止響者；捨命之處，有斷腸得髓者。設發足學道於威音王之先，然是自為兒孫增長也。

百丈大智禪師說：「若執著本身清淨、本自解脫、自身已是佛，自身即是禪道解脫者，即是屬於自然外道。」

這些見地，非是佛門的閑破家具，是積功累德學道的成就。禪師這說法雖看似跛足跳躍，但卻是如玲瓏八面的巧妙圓融。這對佛道的說法，也能釐清像是葛藤倚樹，卻也只是無關的依附。或學道現此五蘊身得度（報身佛）而為說法的，或學道現他界身得度（化身佛）而為說法的，或學道不現五蘊身得度（法身佛）而為說法的，乃至有學道因緣但不為說法（獨覺佛）。

　　然而學道雖知捨棄五蘊身執著的，許多仍是揚聲止響，不知聲是響根的；而能捨棄命根識的，大有斷腸得髓，契入正法的。假設發心學道於威音王佛的前面，然而這佛道成就因緣，也必是自為嫡傳正法的兒孫增長（指眾生緣起法相，雖是由佛性識的功德恁麼，但仍需有八識等兒孫識幫忙成就）。（這裡的威音王佛指的是在經典中被釋迦佛宣說為最早成佛的佛陀，被稱作本初佛，這裡指白淨識。）

> 謂「盡十方界」者，即十方面皆是盡界也。東西南北四維上下，云之十方。須當思量彼之表裡縱橫之窮盡之時節。言思量者，人體設挂碍於自他，然諦觀、決定盡十方也。是聞未曾聞也。以方等故，以界等故。「人體」

者，四大五蘊也；大塵皆非凡夫所能窮盡，是聖者之所參究也。又，當於一塵諦觀十方，然十方不囊括於一塵。或於一塵建立僧堂、佛殿，或於佛堂、佛殿建立盡界。由是建立，建立由是也。怎麼之道理，乃盡十方界真實人體也。不可學自然天然之邪見。若非界量，亦非廣狹。盡十方界者，八萬四千之說法蘊也，八萬四千之三昧也，八萬四千之陀羅尼也。八萬四千之說法蘊者，以是轉法輪故，法輪之轉處，是互界也，是互時也。非方域無，是「真實人體」也。今之汝，今之我，皆是盡十方界真實人體之人也。不得礑過此等而學道。設使三大阿僧祇劫，十三大阿僧祇劫，乃至無量阿僧祇劫，捨身受身者，必為學道之時節，進步退步而學道。禮拜問訊，即動止威儀。圖畫枯木，磨磚死灰，無些許間斷。曆日短促，學道幽遠。捨家出家，雖風流蕭然，然不得與樵夫混同。活計設竟頭，然非佃戶齊比。不得比之迷誤善惡之論，不得滯之邪正真偽之邊。

所謂「盡十方界」，即十個方面皆是窮盡邊際。四方、四維、上下之總稱，是所說的十方。須當思量這些的內外

縱橫窮盡的時節。在論及識心的「思量」，「人體」，因
業識無明雖受二元內外、主客所掛礙，然而若能諦實而觀、
也能覺證窮盡十方。這窮盡十方是聞未曾聞的。因為這十
方是方等（方者廣之義，等者均之義）的，十方是界等（有
相隔分別、不能混淆相雜的境界，是類之弗齊，混則知處）
的。所謂「人體」，即是地水火風的四大，色受想行識的
五蘊；這種廣大的塵境皆非凡夫所能窮盡，卻是聖者所參
究的。

又，應當於一微塵諦實而觀十方大境，然而十方大境
不囊括於一微塵。或於一微塵建立僧堂、佛殿，或於佛堂、
佛殿建立十方盡界。由覺識恁麼的現成建立因緣法的萬象，
萬法的建立由恁麼的現成。這是覺識「恁麼」的道理，乃
是「盡十方界真實人體」的道理（這是「大我」的意念，
是覺知所能觸及都是自己的一部分的盡界）。但如前說的，
不可學自然、天然外道的邪見。此覺識的功德是非界量，
亦非廣狹。所以「盡十方界」，是八萬四千的緣起法相，
八萬四千的三昧（指緣起法的物我一如），八萬四千的陀
羅尼（語，真言、密語）。所謂「八萬四千的說法蘊」，

此是覺識依法住法位的真如法緣起法相，是以覺識為中心的輪轉緣起而有萬法。法輪的轉處，是綿延不斷的界，是綿延不斷的時。雖是綿延不斷的時界，但並非無方域、處所（即銀碗盛雪，明月白鷺，類之弗齊，混則知處），是妙有現成的大我「真實人體」。今日的你、我，皆是盡十方界真實人體的人。不得礑過這意義而學道。

假使歷經三大阿僧祇劫，十三大阿僧祇劫，乃至無量阿僧祇劫，有捨身受身的因緣，必為學道（即有覺識能緣起萬法）的時節，是隨緣進步或退步（起滅）而學道。日常的禮拜問訊，即是佛道的動止威儀。學道應有如圖畫色彩於枯木，又如將死灰磨磚成鏡的功夫，無些許間斷。應知受身的曆日短促，學習佛道是幽遠的。捨家出家不問世事，雖然風流蕭然，然不能有正確行履就與樵夫混同。佛門日常活計雖也多端，然而行履非佃戶所能齊比。佛道不得與迷誤善惡的議論比擬，也不得滯留於邪正真偽的見論。

> 謂「生死去來真實人體」者，謂生死雖為凡夫之流轉，然是大聖之所脫落也。欲超凡超聖，不限以此為真實體。其有二種、七種之品類，然窮盡之，則面面皆是生死，

故當不恐怖。何以故？謂雖未捨生，然今已見死；雖未捨死，然今已見生。生不挂碍死，死不挂碍生。生死皆非凡夫之所知。生如柏樹子，死如鐵漢兒。柏樹雖為柏樹所碍，然生不被死所碍，故學道也。生非一枚，死非兩足。死不相對於生，生不相待於死。

所謂「生死去來真實人體」，即是說生死雖為凡夫的流轉，卻是大聖的脫落之處（即由生死流轉，聖人可證知生死的虛幻，而契入實相）。若欲超凡超聖，不限以此為真實體。其雖品類可分二種（識住、非識住處）、七種（識住處）等，然而窮盡之，則面面皆是因緣法的生死，所以應當不恐怖。何以故？即是雖仍在生境，然當下已見證死境；雖在死境，然當下已見證生境。生的因緣不挂碍死境，死的因緣不挂碍生境。生死皆非凡夫所能知的。生如柏樹子是生因緣法的現成，死也如鐵漢兒是死因緣法的現成。柏樹生的因緣相雖為柏樹死的因緣相所碍，然生因緣法的現成不被死因緣法的現成所碍，因這種道理才要學習佛道（即依著「所緣真如法境有故彼〔覺識〕有，所緣真如法境無而彼〔覺識〕不變」）。所以生是因緣法的現成非單

一的，死也是因緣法的現成非少許的。死因緣法的現成不相對於生因緣法的現成，生法也不是相待於死法出現才有的。

> 圓悟禪師曰：「生也全機現，死也全機現。閉塞太虛空，赤心常片片。」此道著，須當靜下功夫點檢。圓悟禪師雖曾恁麼道，然其未不知生死之勝於全機。參學去來，去有生死，來有生死，生有去來，死有去來。去來以盡十方界為兩翼三翼飛去飛來，以盡十方界為三足五足而進步退步。以生死為頭尾，盡十方界真實人體者，能翻深回腦。翻深回腦，如一錢大，似微塵裡。平平坦坦，其壁千仞也。壁立千仞處，其平平坦坦也。是故，有南州、北州之面目，檢之而學道。有「非想非非想」之骨髓，唯抗之而學道也。

　　圓悟禪師說：「生的因緣也全機（指八識的緣起功德用）現，死的因緣也全機現。閉塞太虛空，赤心常片片（是真空妙有的緣起滅）。」這話的道理，須當靜下功夫參究。圓悟禪師雖曾這樣說，然而他不是不知生死的顯現勝於全機（有情識）。佛道參學有去來因緣（生將滅去曰去，死

將緣起曰來），去有生死的因緣，來也有生死的因緣。生
有去來的因緣（成就生的因緣曰生來，敗壞生的因緣曰生
去），死也有去來的因緣。識心以真如法的緣起去來，以
盡十方界為兩翼三翼轉法輪飛去飛來，以盡十方界為三足
五足轉法輪而進步退步。因緣法是以生死為法位的頭尾，
這種以緣起萬法為大我的「盡十方界真實人體」，能翻深
回腦，牽動大我全機。這緣起法的**翻深回腦**，可如一錢大，
也似微塵裡（指眾生白我〔即欲界人道的中陰有情識身〕
依《奧義書》所說，是細如拇指〔從物質面看，可能指人
的腦解剖位置──橋腦與延腦的生命中樞〕）。識心緣起
法雖為平平坦坦之相，卻有壁立千仞之功。識心緣起法雖
現壁立千仞相，其功用是平平坦坦。所以，緣起法有如須
彌山的南州、北州的壁立千仞面目，須檢點而學道。識心
緣起法也有如「非想非非想（有想無想天）」的無想契理，
唯須息緣而學道。

69

"

【6】
一顆明珠

"

> 雪峰問：「哪個是備頭陀？」　玄砂曰：「終不敢誑於
> 人。」此語，雪峰尤愛之，曰：「誰人不持此語，誰
> 人道得此語？」　雪峰更問：「備頭陀何不遍參去？」
> 師曰：「達摩不來東土，二祖不往西天。」雪峰殊譽之。

　　娑婆世界的大宋國（唐末五代梁），福州玄砂山院宗
一大師，法諱師備，俗姓謝。往昔在家時，喜愛釣魚，常
乘舟至南台江，向眾多漁夫學習，有不釣自上金鱗的天性。
唐咸通初，忽願出家學佛，遂棄舟入山。是年三十歲。悟
浮世的危艱，知佛道的高貴。遂登雪峰山，參真覺大師雪
峰和尚，晝夜於佛道下功夫。有一次，想雲遊到處參各方
善知識，遂攜囊出嶺；因腳趾撞到石頭，流血痛楚，忽然
猛省說：「肉身是虛幻的，痛是來自哪裡？」即刻返回雪
峰山。

　　雪峰問他：「哪個是你的本來面目，『備頭陀』？」
玄砂說：「這『備頭陀』，總是不敢誑語於人。」這答話，
雪峰和尚特別喜愛，說：「哪個人不持用這句話，哪個人
能說出本來面目？」雪峰更問：「備頭陀為何不到處去參
訪佛法？」玄砂師說：「佛法這事，達摩不必帶來東土就有，
所以二祖也不必前往西天求取。」雪峰特別讚譽。

> 遂得佛道後，示人曰：「盡十方世界是一顆明珠。」
> 時僧問：「承和尚言『盡十方世界是一顆明珠』，學人
> 如何會得？」　師曰：「盡十方世界是一顆明珠，用會
> 作麼？」　師來日卻問其僧：「盡十方世界是一顆明珠，
> 汝作麼生會？」　僧曰：「盡十方世界是一顆明珠，用
> 會作麼？」　師曰：「知汝向黑山鬼窟裡作活計。」

　　玄砂和尚以前乃是漁夫的身分，諸多經論，作夢也沒
有見過，然而因他先有不淺的志向，故能顯現超然於同參
的志氣。雪峰也知道他是出眾的拔類，贊許為卓然特立。
常穿著布衣，縫之再縫，從不改換。內著紙衣，亦穿艾草。
參雪峰之外，不曾參訪其他善知識。然而應當有嗣承其師
雪峰和尚道法的力量！證得佛道後，訓示眾人說：「盡十

方世界是佛真如法，是一顆明珠現成。」當時有僧問：「承
和尚所說佛法是『盡十方世界是一顆明珠』，後學的人如
何學會？」玄砂祖師說：「『盡十方世界是一顆明珠』的
佛法，用『會』（頭腦慮知）作什麼？」玄砂祖師另日卻
問這僧說：「『盡十方世界是一顆明珠』的佛法，你是怎
麼產生『會』（指一元性我法一如的證得）？」這僧鸚鵡
學語說：「『盡十方世界是一顆明珠』的佛法，用『會』
作什麼？」玄砂祖師說：「早知道你是在黑山鬼窟（頭腦
的識心二元性慮知）裡作活計。」

> 今道取之「盡十方世界是一顆明珠」，始於玄砂有之。
> 其宗旨者，謂十方世界非廣大，非微小，非方圓非中正，
> 非活潑潑，非露迴迴。更非生死去來，故亦是生死去來
> 也。恁麼故，昔日曾此去，而今從此來。究辨之，誰見
> 徹是片片也？誰能檢舉是兀兀也？

　　今日所說的「盡十方世界是一顆明珠」，是玄砂和尚
開始使用形容真如佛性。它的意義是，所謂的佛性真如法
明珠，是一元性的盡十方世界，是非廣大，非微小，非方
圓非中正，也非緣起法的活潑潑、露迴迴。更非有生死去

來，但也現緣起法的生死去來。識心皆依佛性識（即有情白淨識）而有故非生死去來，識心依真如法「恁麼」緣起法相而有生死去來，故是「此有故彼有，此無而彼不變」的生死、來去。因為覺識的「恁麼」（緣起、創造）功德，才會在大千世界表現出「昔日曾此去，而今從此來」。細究辨別，有誰知此是「片片」（一元性的有差別而無分別境）觀呢？是誰能舉發是兀兀的（定，心一境性）呢？

> 謂「盡十方」者，逐物為己，逐己為物之未休也。道取情生智隔之為隔，是回頭換面，是展事投機也。以是逐己為物，故是未休之盡十方也。以是機先之道理，故外于機要之管得也。

所謂「盡十方」（一元性運作是無能所的恁麼），是無休止的逐物為己（觸目所及皆為我），逐己為物（心物合一）的一元性境。情生智隔是因落入識心分別的二元性運作（是有能所），所以能體取這「隔」（指「離關鍵，入無門」）的作用，就是回頭換面為識心的一元性運作，這是佛事的展事投機。因這是逐己為物（心法合一）的一元性運作，所以是無休止的盡十方。因這「盡十方」是先

於佛事的展機（即「恁麼」是佛向上事），所以也非八識所管得的。

> 「是一顆珠」者，此雖非名字，然道得是也，有認其為名字者也。一顆珠者，直須萬年也，亙古未了，則亙今到來也。雖身有今，心有今，然是明珠也。非彼此之草木，非乾坤之山河，是明珠也。

所謂「是一顆珠」（佛性真如一元性），這雖不是名字，然而是可以說明的，可認明珠為它的名字。這「一顆珠」，是時間久遠，是連綿古今而未了的。雖然現在是以身、心現成，然而是這明珠的現成。這不是有分別的草木，也非乾坤的山河，這都是明珠所顯的差別相。

> 「學人如何會得？」此道取，雖與僧之弄業識相似，然大用現，是大軌則也。進之為一尺水。當令其突兀一尺波。所謂一丈珠，一丈明也。

這句話「學人如何會得？」雖然與這僧人操弄業識（落入識心分別）的說法相似，然而這即是真如大用現成，也是佛法大軌則應用（即這句話就是指：公案現成的法都是有情識依真如緣起而有的萬法）。進入的雖是「一尺水」

74

（真如法性）。應當令這突出成「一尺波」（緣起法相）。
即所謂一丈的珠子，就有一丈光明。

> 欲道取所謂之道得，玄砂之道者，即「盡十方世界是一
> 顆明珠，用會作麼？」此道取者，即是佛佛相嗣，祖祖
> 相嗣，亦乃玄砂相嗣玄砂之道得也。若欲回避不嗣，雖
> 非不無回避之處，且可灼然回避，然道取之生者，乃是
> 現前之時節也。

　想要說明所謂玄砂所道得的道理，即這句「盡十方世
界是一顆明珠，用『會』（頭腦慮知）作什麼？」這樣的
道理，這是佛佛相承嗣，祖祖相承嗣，亦乃是玄砂承嗣玄
砂所得的法（即玄砂的佛性識功德，使玄砂的有情識依真
如法緣起而成就的）。若想回避不承嗣這樣的說法，雖不
是沒有回避的方法，且可清楚明顯的回避（即維摩詰的默
然，即不二法門），然而若要用言語說明，時節因緣的現
前乃是這句話。

> 玄砂來日問其僧：「盡十方世界是一顆明珠，汝作麼生
> 會？」此是道取昨日說定法，今日借兩片舌出氣；今日
> 說不定法，推倒昨日點頭笑也。

　　玄砂來日問這僧說：「盡十方世界是一顆明珠，你是怎麼產生『會』（指一元性證得）的？」這是說明昨日所說的是用「定法」（即這明珠不可識心分別），今日借自己兩片唇舌出氣；今日說的是「不定法」（即這明珠可展現識心分別），雖推倒昨日的說法，但也點頭微笑認可。（即真如佛性非定法、不定法）

> 僧曰：「盡十方界是一顆明珠，用會作麼？」當云：騎賊馬逐賊。古佛為汝說法，乃異類中行也。且須迴光返照，當有幾枚用會作麼？試道之，或言乳餅七枚，或言菜餅五枚，然則此皆是所謂「湘之南，潭之北」之教行也。

　　這僧說：「盡十方界是一顆明珠，用『會』（頭腦慮知）作什麼？」本應當說這是：騎賊馬逐賊（即指能檢點出，是禪師以語言文字接引，使學人落入妄情識見）。古佛祖師為徒僧說法，乃是為佛果位（證得心法一如）以外的眾生。應當姑且想想看，又有幾個佛果位以外的眾生，知道「用會作麼？」（即這句話跟指月的「指」的目的是一樣的）試著說說看，或說乳餅七枚，或說菜餅五枚，然而這些都跟所謂

的「湘之南，潭之北」、指月的「指」等的教行目的一樣。

> 玄砂曰：「知汝向黑山鬼窟裡作活針。」當知日面月面
> 者，往古而不換也。日面與月面共出，月面與月面共出，
> 故「若六月道正是時，不可道我姓熱」也。

玄砂祖師說：「早知道你是在黑山鬼窟（頭腦識心慮
知）裡作活計。」應當知道識心的依真如緣起的公案現成
是「日面（佛性識與真如法）月面（業識與法塵）」（據
說日面佛的壽命是一千八百歲，月面佛的壽命只有一天一
夜），這是歷古而不換的。緣起法是法的合和（指八識與
六塵的合和），可以是日面與月面共出，可以是月面與月
面共出，因緣法雖是合和相，但是「像真如法六月夏天時
節，不可說有情識也是熱時節」（即熱是緣起法雖是合和
相，但與有情識無關）。

> 然則，此明珠之有如無始者，無端也。盡十方界，即是
> 一顆明珠也，不言兩顆三顆。全身是一隻正法眼也，全
> 身是真實體也，全身是一句也，全身是光明也，全身是
> 全心也。全身之時，全身之無掛礙，圓陀陀地，轉轆轆
> 也。明珠之功德如是現成，故有今日見色聞聲之觀音彌

77

勒，故有現身說法之古佛新佛。

　然而，這明珠（佛性真如）的實有，像是無始、無終。盡十方界，即是全然的（一元性）一顆明珠，不說是兩顆三顆。這真如佛身是全然的一隻正法眼，真如佛身是全然的真實體，真如佛身是全然的一句（相），真如佛身是全然的光明，真如佛身是全然的一心。真如佛身是全然的時間，真如佛身是全然的空間無掛礙，是圓陀陀地靜，也是轉擼擼的動。明珠（佛性真如）的功德是法的現成所依，所以有今日見色聞聲（因緣法相）的觀音、彌勒（指賴耶識演化出的前七識），有現身說法（白淨識）的古佛、新佛（眾生識）。

　然則（珠）轉而不轉，看似換面，然則是明珠也。了知珠乃確乎如此，其即是明珠也。明珠者，如是有聽聞聲色。既得恁麼，則思吾非珠者，然不得疑非珠。思疑、取捨、作用，但且是小量之見也，更但令其相似於小量也。何不愛乎？明珠如此光彩無限也片片條條之彩彩光光者，是盡十方界之功德也，誰能攙奪之？行市無拋磚之人。亦不得於六道因果中勞心於不落有落。不昧本來，

▎頭正尾頭之明珠是其面目也。明珠者，眼睛也。

　　然而明珠雖轉而不轉，看似換面（即雖緣起法相，但識心是不動），然這就是明珠。了知明珠確實如此特性，這也即是佛性覺識明珠。「佛性覺識明珠」，就像明珠能現萬象，是有聽聞聲色的功德。既然證得恁麼一元運作的佛性明珠，而雖思慮自己非明珠的，誠然不可懷疑非明珠所現。對覺識明珠思疑、取捨、作用，只是小量的見論，更只是使覺識明珠相似於小量而已。何不愛這明珠呢？明珠如此光彩無限、所現片片條條的彩彩光光（指依真如法緣起的萬法），是盡十方界的功德，誰能攙奪呢？行履無法顯示是拋磚引玉（知道覺識功德）的人。也無法於六道因果中費心洞察分別不落、有落因果（因果法則雖是法相的妄有，但仍是覺識明珠的功德）。不愚昧於本來面目（有情覺識），則知全然穩當的明珠就是覺識真如的本來面目。佛性覺識明珠，即是正法眼睛。

▎然則，我及你，亦不知如何是明珠，如何不是明珠，百思不思者，雖遂結明明之草料，然若依玄砂之法道，而知聞、究盡明珠之身心樣子，則心非是我。又何勞取捨

79

起滅為明珠，非明珠耶？設若勞心取捨，然無非明珠。
既非有非明珠之物所起之行之念，唯當黑山鬼窟之進步
退步，是一顆明珠也。

然而，我與你，也不知什麼是佛性覺識明珠，什麼不
是明珠，雖百思、不思的，雖也結明明的草料（即身心我
法的合和相），然若依玄砂的法道，而去參究知聞、究盡
佛性覺識明珠的身心樣子，就會知道「是心非我」（即了
知身心是虛幻的合和相）。又何必執著於起滅為明珠、非
明珠呢？縱設勞心取捨，也會知道沒有不是佛性覺識明珠
的法相。既沒有不是明珠的物所起的行履、意念，設使唯
有落在黑山鬼窟的進步、退步（緣起法的迷悟），也即是
一顆佛性真如明珠的現成法相。

【7】
有　時

古佛言：「有時高高峰頂立，有時深深海底行。有時三頭六臂，有時丈六八尺。有時拄杖拂子，有時露杖燈籠。有時張三李四，有時大地虛空。」

　古佛說：「有時高高峰頂立，有時深深海底行。有時三頭六臂，有時丈六八尺。有時拄杖拂子，有時露杖燈籠。有時張三李四，有時大地虛空。」（這是說有情識性的依真如法緣起法相功德，是一元性的現起依報、正報，是「百雜碎」，是「同條生，異類行」、「類之弗齊，混則知處」。）

謂「有時」者，即「時」既是「有」也。「有」皆是「時」也。丈六金身是「時」也，以是「時」故，即有「時」之莊嚴光明。須於今之十二時中學習。三頭六臂是「時」也，以是「時」故，今之十二時中，須為一如。十二時之長遠短促雖未曾度量，然謂之十二時。以去來之方跡

明故，人不疑著之；雖不疑著，然非知之。眾生從本疑著於不知之每物每事，以不（得）一定故，疑著之前程，未必符合今之疑著。唯疑著且是「時」也。

所謂「有時」（緣起法的一元性），是既是「時」（依著真如法位時節）又是「有」（識心恁麼緣起）。是「有」皆是「時」（一元性的緣起法是「有〔識心〕」與「時〔真如法位〕」的一如相）。丈六金身是「時」，因為是「時」，即有「時」真如法的莊嚴光明。須於今日的十二時（惺惺寂寂時）中學習。三頭六臂是「時」，因為是「時」真如法位，今日的十二時中，須為一如（即是真如法時間只有一相的無時間相）。十二時的長遠短促雖未曾度量，然稱為十二時（惺惺即是清楚、明白、作主；寂寂即是寂然不動）。因為識心依真如法位緣起，去來隱現的足跡明顯，人（有情識）不懷疑著它；雖不懷疑，然而並不知道它（即一元性的不落入慮知分別）。眾生從本「**疑著**」（指業力無明）於不知的每物每事（有情識因業力無明而對真如法位緣起不同法相），因為業力而無法確知真如法，所以疑著的前程，未必符合今日的疑著（指依業力緣真如法所起

的法相，未必就是真如法相）。唯有疑著且是「時」（即這「有時」的現成包含有業力無明與真如法位）。（在這一章節，道元禪師用微積分的剖析方式，來解說一元性的有、時、界。）

> 排列「我」而為盡界，須覷見此盡界之頭頭物物為時時也。物物不相礙者，如時時不相礙者也。是故，有同時發心、同心發時也。及至修行成道，亦復如是。排列「我」，而我見之也；自己之為「時」之道理，其如是耳。

排列「我」而為盡界（因識心緣起的法，會依著識的三能變而成一元性末那「我」執，所以盡界的法就是盡界的「我」執所排列），須覷見此盡界的頭頭物物（即是緣起法只有「我法一如」的無我相、無人相，且是「百雜碎」）即是為時時（也即是依著真如法位時節）。物物不相礙的（「類之弗齊，混則知處」），就像是時時不相礙的（即依真如法各個的法住法位時節）。所以，有同時發心的（即五根識對五塵）、同心發時的（緣起法落入意識二元性分別相）。及至修行成道（末那識一元性的「類之弗齊」），亦復如是。排列緣起法「我」，而識心我能覺知（即是「類

之弗齊，混則知處」）；自己（有情識）的為「時」（緣
真如法位）的道理，就是如此而已。

> 以是恁麼之道理故，則須參學盡（大）地有萬象百草，
> 一草一象，各在盡（大）地。如是往來（參學）者，是
> 為修行之初始也。到恁麼之天地時，即（有）一草、一
> 象也，（有）會象與不會象，會草與不會草（之時）。
> 以唯正當恁麼時故，「有時」皆為盡時也，有草、有象
> 共是「時」也。時時之「時」中，有盡有盡界也。且須
> 觀想：漏於今時之盡有盡界，是有耶？無耶？

因為要知道有情識性緣真如法是「恁麼」的道理，則
須參學盡大地的一元性是有萬象百草，一草一象，各個是
盡大地（即是一元性）。如此反覆參學的，是為修行的初
始（即要知道有「心物合一」的境地可修）。達到恁麼的
一元性境地時，即有一草、一象（即在一元境是「全境是
我」的無分別「心物合一」的一如相），有會象與不會象，
會草與不會草的時節（「會草」，指第六意識的二元性能
分別境；「不會草」，指第七識的有差別而無法分別境）。
因為是正當恁麼時，「有時」（一元性的公案現成）皆為

盡時（指盡法界是一元性的一相），有草、有象共是「時」
（即是「類之弗齊，混則知處」）。時時的「時」（真如
法界中的各個真如法位）中，有盡有、盡界（都是識心依
著各個真如法位緣起一元性的全然）。且須觀想：漏於今
時的盡有、盡界（即是說：應更參學沒有現起緣起法相的
真如法），是有呢？是無呢？

> 然則，未學佛法之凡夫之時節所具有之見解者，當聞「有
> 時」之言，則以為或時為三頭六臂，或時為丈六八尺。
> 比如過河、過山。而今其山河雖有，然我已過來，今處
> 玉殿珠樓，山河與我，為天與地。

　　然而，未學佛法的凡夫時節，所具有的見解，當聞「有
時」的法教，則以為「我相」或時為三頭六臂，或時為丈
六八尺。就像是過河、過山（即指有個「我相」在山、在
河）。當下其山河雖有，然我已過來（即達一元境時是無
我相，然而不妨礙山河萬象的顯現），今處玉殿珠樓，山
河與我，共為天與地（即是「心物合一」的一元境，是全
境是有差別而無分別「類之弗齊」的一相，是「混則知處」
的一心）。

然則，道理非只此一條。謂登山、過河時雖有我，然於「我」，則應有「時。」我既有，「時」則不應去。若「時」非取來之相，則上山時，即是「有時」之而今也。「時」若保任去來之相，則於「我」，有「有時」之而今，是為「有時」也。彼上山渡河「時」，不吞卻此玉樓朱殿之「時」麼？亦不吐卻麼？

然而，道理非只此一條。所謂登山、過河時（即指法的緣起識變）雖有我相，然於「我」（有情識），則應有「時」（依真如法位）。我既有，「時」則不應去（即緣起法相是能緣的有情識與所緣的真如法共出一隻手的一合相）。若「時」（真如法位）非取來的相（即依真如法緣起不必動到真如法位），則上山（有情識依真如法位緣起）時，即是「有時」一元性的公案現成。「時」（真如法位）若保任去來的相（即不動法位的緣起法相），則於「我」（有情識心），有「有時」的一元性當下，是為「有時」公案現成。有情識上山、渡河「時」（緣起法相），不吞卻此玉樓朱殿（真如法界）的「時」（依真如法位）嗎？亦不吐卻（緣起法相）嗎？（即覺識的鏡照功德動或不動？）

三頭八臂者，昨日之「時」也；丈六八尺者，今日之「時」
也。然則，其（所謂）昨、今之道理，只是直入山中而
環視千峰萬峰之時節也。非（謂）過去。三頭八臂即一
經我之「有時」，似在彼方，然是而今也。丈六八臂，
一經我之「有時」，似在彼方，然是而今也。

「三頭八臂」的法相，是昨日的「時」（即是識心
依真如法位緣起而有）；「丈六八尺」的法相，是今日的
「時」。然而，其所謂昨、今的道理，只是直入山中（指
真如法界）而環視千峰萬峰的時節（指真如法的法住法
位）。不是所謂過去。三頭八臂（的真如法位）即一經我（有
情識）的「有時」（緣起法相），似在彼方，然也是當下。
丈六八臂（的真如法位），一經我的「有時」，似在彼方，
然也是當下。

是故，松亦是「時」也，竹亦是「時」也。不得只會解
「時」是飛去，不得只學飛去是「時」之能。若「時」
全任飛去，則當有間隙。不經聞「有時」之道者，以只
學其過去故也。取要而言，盡界所有之盡有者，皆連綿
而為「時時」也；以是「有時」故，即吾「有時」也。

　　所以，松亦是「時」（依真如法位），竹亦是「時」。不得只會了解「時」是飛去，不得只學飛去是「時」的能力。若「時」全任飛去，則當有間隙（即真如法位是全然一元性，不應有無真如法的空缺位）。不曾聽聞「有時」的道理的，因為只學知道「時」是過去。簡要而言，盡界（一元性）的所有「盡有」（一元性真如法界），皆是連綿而成為「時時」（法住法位的全然）；因為是「有時」（識心依著真如法位緣起），故是有情識我的「有時」公案現成存在。

> 「有時」有經歷之功德，謂由今日經歷至明日，由今日經歷至昨日，由昨日經歷至今日，由今日經歷至今日，由明日經歷至明日。以經歷是「時」之功德故。

　　「有時」（識心依著真如法位緣起）有經歷（各個真如法位恁麼的緣起、緣滅）的功德，所謂由今日經歷至明日，由今日經歷至昨日，由昨日經歷至今日，由今日經歷至今日，由明日經歷至明日。因為經歷是「時」（真如法位）的功德。

88

古今之「時」，非重合，非並積。青原亦是「時」也，黃檗亦是「時」也，江西亦是「時」也，石頭亦是「時」也。自他既是「時」故，修證即是諸時也。入泥入水，同亦是「時」也。今凡夫之見及其見之因緣，雖是凡夫之所見，然非凡夫之法，法但且以凡夫為因緣也。以學此「時」、此「有」非為法故，則認丈六金身不是我。以為我非丈六金身而欲逃避者，亦即是「有時」之片片也，「未證據者看看」也。

　　古今的「時」（真如法位），非重合，非並積（即真如法是各住各法位）。青原亦是「時」，黃檗亦是「時」，江西亦是「時」，石頭亦是「時」。因自他既是「時」，修證也即是諸時。入泥（指二元性有情識）入水（指一元性有情識），同亦是「時」。今凡夫（泥，二元性分別慮知）的覺知及其所見的真如法的緣起法，雖是凡夫的所見，然非凡夫（水，一元性緣起法相）的緣起法是不落入慮知分別的，故真如法的緣起法相只是以凡夫的分別識心為因緣而顯現。若學知此「時」、此「有」非為緣起的法相，則認丈六金身不是我（即落入性相分離的二元性）。認為我

非丈六金身而欲逃避的（不落入二元分別的一元性識心），
亦即是「有時」的片片（即識心一元性的依真如法位緣起
的各個一如相），是「未證據者看看」（指眾生覺識）的
當下。（《臨濟錄》臨濟示眾云：「有一無位真人，常在
汝等面門出入。初心未證據者，看看。」）

今世界所排之（十二支）之午、未者，亦是住法位之恁
麼升降上下也。子亦是「時」也，寅亦是「時」也；（眾）
生亦是「時」也，佛亦是「時」也。此「時」，用三頭
六臂證盡界，用丈六金身證盡界。以其盡界而界盡盡界，
謂之究竟也。以丈六金身而丈六金身，則發心、修行、
菩提、涅槃現成，即是「有」也，「時」也。唯以究盡
盡時為盡有。更無剩法，以剩法是剩法故。設是半究盡
之「有時」，亦是半究盡也；設是見有蹉過之形段，亦
是「有」也。若更任他，雖蹉過現成之前後，然亦是「有
時」之住位也。住法之活潑潑地，是為「有時」也。不
得動著「無」，不得強為「有。」只計量「時」是一向
過去，而不解會「時」亦是未到。解會雖是「時」，然
無被他所牽之緣。無有認得去來見徹是住位之「有時」

90

之皮袋。況乎透關之「時」哉？設若認得住位之「有時」，然誰能道得其既得恁麼之保任？設若恁麼道得已久，然無不尚摸索面目之現前。若全任凡夫（所云）之「有時」，則菩提、涅槃者，皆亦僅是去來相之「有時」也。

　今日世界所排的十二地支中的「午」（陽支，是太陽最高時，陽氣最盛；指萬物已過極盛之時，又是陰陽相交的時候）、「未」（陰支，是萬物已成有滋味），亦是住法位（智論說：法性法界法住法位，皆真如異名）的恁麼升降上下。子亦是「時」，寅亦是「時」；眾生亦是「時」，佛亦是「時」。此「時」，用三頭六臂證滿盡界，用丈六金身證滿盡界。以其一元性法相全然的充滿而界盡盡界，稱為「究竟」。以丈六金身真如法位而現丈六金身緣起法相，過程即是發心、修行、菩提、涅槃的公案現成，即是「有」（識性），是「時」（真如法位）。唯以究盡「盡時」為「盡有」（即性相緣起的一元性）。更無剩法，因為剩法是是剩法的法位。假設是半究盡的「有時」，緣起的亦是半究盡（即一元性是無所謂的一或半，故「半究盡」真

如法位緣起也是「半究盡」的全然性）；假設是現有錯過的形段，亦是「有」（即落入二元分別的識心仍是識性）。若更任他，雖錯過現成的前後（即法塵緣起的虛妄法），然亦是「有時」的住位。真如法住法位的活潑潑地現成，是為「有時」。真如法位是不得說「無」，不得強為「有」。可思量的「時」是已經緣起過的，而不解會的「時」，是未緣起的。雖是解會「時」，然無被他所牽的緣（即識心緣起法不被真如法位所礙）。無有認得去來見徹是住位的「有時」的皮袋（即識心是無法覺知「時」真如法位的變化）。況乎依真如法位緣起時在識心透關（逆轉識的三能變）的「時」呢？設若認得住位的「有時」，然誰能說明其既得恁麼的保任（即真如法緣起的法相是依識心而異的，所以依他緣起得法相，並不保任真如法）？設若恁麼道得已久，然無不尚摸索面目的現前（識心雖能依真如法位緣起法相，然這是業力所致，識心仍應淨化業力之影響）。若全依凡夫識心所說的「有時」（即因業力所致的緣起法相），則菩提、涅槃，皆亦僅是有情識心依真如法位緣起法相的「有時」生滅。

蓋蘿籠不留，「有時」現成也。今現成于右界、現成于左方之天王天眾者，而今亦是我盡力之「有時」也。其在餘外水陸之眾「有時」者，是我今盡力而現成也。冥、陽中，「有時」之諸類諸頭，皆是我盡力之現成也，盡力經歷也。須參學！若非我今盡力經歷，則一法一物不現成，亦不經歷。

　蓋識心能於蘿籠（三界）不留，則是「有時」（指有情眾生）努力修行現成。當下現成於右界、現成於左方的天王天眾，當下亦是「業識我」盡力的「有時」。其在餘外水陸的眾「有時」，也是「業識我」當下盡力而現成。冥、陽中，「有時」的諸類諸頭，皆是「業識我」盡力的現成，盡力經歷（依真如法位恁麼緣起）。須參學！若非「業識我」當下盡力經歷，則一法一物不現成，亦不經歷恁麼緣起。

謂經歷者，不可學其如風雨之東西。盡界者，非不動轉，非不進退，乃經歷也。經歷者，比如春。春有許多般樣子，此謂經歷。須參學（春）無外物而經歷之。比如春之經歷者，必經歷春也。雖經歷者非春，然以是春之經

歷故，經歷者，于春時而成道。須審細參來參去。謂經歷者，以為境為外頭，能經歷之法則向東行過百千世界，經歷百千萬劫者，唯以不得專一於佛道參學（之故）也。

所謂「經歷」（識心依著真如法位恁麼緣起），不可學其如風雨般有造作變動。而恁麼緣起的「盡界」（一元性法界），非不動轉，非不進退，乃是經歷。「經歷」，就比如春。春有許多般樣子，此謂經歷。須參學無外物而經歷春（即無個體我參與緣起）。比如春法位的「經歷者」（有情識），必經歷春。雖「經歷者」非春，然因是有春法位的經歷，「經歷者」於春時而成道（公案現成）。須審細參來參去。若謂「經歷者」，以為境為外頭（落入能所二元性），能經歷的法（即真如法位）則向東行過百千世界，經歷百千萬劫的識心，唯因不得專一於佛道參學的原故（即不知是修證一如的一元性，落入能所的二元運作）。

藥山弘道大師因依無際大師指示而參問江西大寂禪師：「三乘十二分教，某甲凡究其宗旨。如何是祖師西來義？」 於如是問，大寂禪師曰：「有時教伊揚眉瞬目，

有時不教伊揚眉瞬目，有時教伊揚眉眉瞬者是，有時教伊揚眉瞬目者不是。」　藥山聞而大悟，向大寂曰：「某甲在石頭，如蚊子上鐵牛。」

藥山弘道大師因依無際（青原行思）大師指示而參問江西（馬祖道一）大寂禪師：「三乘十二分教，某甲大凡參究其宗旨。如何是直指的祖師西來義（即諸佛祖師受持、單傳的『古鏡』）？」於如是問，大寂禪師說：「佛性覺識有時教伊（有情識心）揚眉瞬目（依真如法緣起法相），有時不教伊揚眉瞬目，有時教伊揚眉瞬目者是（一元性公案現成），有時教伊揚眉瞬目者不是（落入二元性的緣起分別法相）。」藥山聞而大悟，向大寂曰：「某甲在石頭希遷處，如蚊子上鐵牛，總是悟不出道理。」

大寂之所道取，不同餘者。眉目者，當是山海，以山海是眉目故。其「教伊揚」者，當看山；其「教伊瞬」者，當以海宗。「是」者，慣習于「伊」；「伊」者，被「教」所引誘。「不是」者，非「不教伊」；「不教伊」者，非「不是」，此等皆是「有時」也。

大寂所說的法教，不同餘者。「眉目」（真如法位），

當是山海萬象，以山海是本來面目的眉目。其「教伊揚」
（識心依真如法位恁麼緣起），當看山；其「教伊瞬」，
當以海宗。「是」（一元性公案現成），是慣習於「伊」（性
相一如）；「伊」（識心），是被「教」（依真如法位的恁麼）
所引誘。「不是」（指落入二元性的緣起法相），但非「不
教伊」（即仍是「教伊」所現，只是落入二元性）；「不教伊」
（即識心依真如法位無緣起法相），非「不是」（不是落
入二元性），此等皆是識心依真如法位緣起的「有時」。

> 山亦「時」也，海亦「時」也。若非「時」，則不應有
> 山海，山海之而今不可無「時」。「時」若壞，山海亦壞；
> 「時」若不壞，山海亦不壞也。于此道理，明星出現，
> 如來出現，眼睛出現，拈花出現。是「時」也。若不是
> 「時」，則不恁麼也。

　　山亦「時」（五大所成的真如法位），海亦「時」。
若非「時」，則不應有山海，山海的公案現成當下不可無
「時」。「時」若壞，山海亦壞；「時」若不壞，山海亦
不壞（即依真如法的緣起是「此有故彼有，此無故彼無」）。
於此道理，明星出現，如來出現，眼睛出現，拈花出現（都

是依真如法位緣起法公案現成）。即是「時」。若不是
「時」，則不恁麼。

> 葉縣歸省禪師者，臨濟之法孫也，首山之嫡嗣也。有時
> 示大眾曰：「有時意到句不到，有時句到意不到。有時
> 意句兩俱到，有時意句俱不到。」　「意」、「句」皆
> 是「有時」也，「到」、「不到」共是「有時」也。雖
> 到時未了，然不到時來也。「意」者，驢也；「句」者，
> 馬也。以馬為「句」，以驢為「意」。「到」者，其非
> 「來」；不到者，此非「未」。「有時」者，如是也。
> 「到」被「到」所掛礙，而不被「不到」所掛礙。「不
> 到」被「不到」所掛礙，而不被「到」所掛礙。「意」
> 礙「意」而見「意」。「句」礙「句」而見「句」。「礙」
> 礙「礙」而見「礙」。「礙」礙「礙」也，是「時」也。
> 「礙」雖為他法所使得，然無礙他法之「礙」。我逢人也，
> 人逢人也，我逢我也，出逢出逢也。此等若不得「時」，
> 則不恁麼也。

　　葉縣歸省禪師，是臨濟的法孫，首山省念的嫡嗣。歸
省禪師上堂，良久曰：「夫行腳禪流，直須著忖，參學須

具參學眼，見地（識心緣起）須得見地句（法塵），方有相親分，始得不被諸境惑，亦不落於惡道。畢竟如何委悉？有時句（法塵）到意（識心緣起）不到，妄緣前塵，分別影事。有時意到句不到，如盲摸象，各說異端。有時意句俱到，打破虛空界，光明照十方。有時意句俱不到，無目之人縱橫走，忽然不覺落深坑。」（《五燈會元》卷11）「意」、「句」皆是「有時」（真如法位），「到」、「不到」共是「有時」。雖「到」法位時未了，然「不到」法位時來。「意」，是驢（識心緣起）；「句」，是馬（法塵）。以馬為「句」，以驢為「意」。「到」法位，其非「來」的現起；「不到」法位，此非「未」的現起。依真如法位的現起「有時」，就是如此。「到」法位被「到」法位所掛礙（即是說「到」法位緣起時就是「到」的公案現成，不可再是別的。所以這是一種罣礙）。而且是不被「不到」所掛礙。「不到」被「不到」所掛礙，而且不被「到」法位所掛礙。「意」法位礙「意」而現出「意」的公案現成（即是說「意」法位緣起時就是「意」公案現成，不可再是別的。也因為這種罣礙，所以可以見到「意」法相）。「句」

礙「句」而見「句」。「礙」礙「礙」而見「礙」。「礙」礙「礙」，這就是「時」（識心依真如法位恁麼緣起當下）。「礙」雖為他法所使得，然無礙他法的「礙」。我逢人，人逢人，我逢我，出逢出逢（即識心彼此依著真如法位而現起這些法相）。此等若不得「時」（真如法位），則不恁麼。（《禪宗頌古聯珠通集》卷第二十三　靈雲因長慶問。如何是佛法大意。師曰：「驢事未去。馬事到來。」〔這是在說：有情心識緣起法塵如瀑流，法塵緣起就依識的三能變，而為五根識所緣起；但此事未了，接續的法塵轉變又來。〕）

> 又，「意」是現成公案之「時」也，「句」是向上關捩之「時」也。「到」是脫體之「時」也，「不到」是即此離此之「時」也。須如是辨肯之，如是而「有時」之。向來尊宿雖皆恁麼言之，然更無所道取乎？當云：「意句半到也有時，意句半不到也有時。」須有如是之參究也！

又，「意」是現成公案中的「時」（覺識真如法位），「句」是「時」的向上關捩（六塵真如法位）。「到」法

位是脫體（識體）的「時」，「不到」法位也是即此離此（識體）的「時」。須如是辨肯之，如是而知「有時」。向來尊宿雖皆恁麼說，然更無可說明的嗎？當說：「意句半到也有時，意句半不到也有時。（指緣起法有全機、都機的公案現成法相）」須有如是的參究！

> 「教伊揚眉瞬目也半有時，教伊揚眉瞬目也錯有時，教依揚眉瞬目也錯錯有時。」若恁麼參來參去，參到參不到，是「有時」之「時」也。

所以依真如法位的恁麼緣起時，就有「教伊揚眉瞬目也半有時（指第八識的緣起法相），教伊揚眉瞬目也錯（指第七識的緣起法相）有時，教依揚眉瞬目也錯錯（指第六識的緣起法相）有時。」若恁麼參來參去，參到參不到，都是「有時」公案現成的「時」（緣起法位）。

【8】
山水經

> 而今之山水，古佛道之現成也；共住法位，成究竟之功德。以是空劫已前之消息，故是而今之活計也；以是朕兆未萌之自己，故是現成之透脫也。山之諸功德，以高廣；乘雲之道德，必由山通達。順風之妙功，定由山透脫。

而今的山水（依真如法位緣起的依報無情法），古佛（有情識）道的現成；共住法位，成究竟的功德。以是空劫（識心緣起法前的真如法界）已前的消息，所以是而今的活計（眾生所依的大千世界的五大真如法）；因是朕兆未萌（識心未緣起前）的**自己**（指有情覺識），所以是公案現成的透脫法位。山的真如法諸功德，以是高、廣；乘雲的道德，必由山通達。順風的妙功，定由山透脫。

道元在這篇中，由有情識性的方面看真如法（山）的

緣起變動（運步），稱為山流、流山。由真如法的方面看三界識心（水）的緣起變動（運步），稱為水流、流水。

> 大陽山楷和尚示眾云：「青山常運步，石女夜生兒。」山不虧缺應備之功德，故常安住，常運步也。其運步之功德，須審細參學！山之運步，須如人之運步，若不視其同於人之行步，則不得疑山之運步。

　　大陽山芙蓉道楷和尚示眾說：「青山常運步，石女夜生兒。」（《嘉泰普燈錄》卷三　芙蓉道楷章）山的真如法不虧缺應備的功德，故常安住，常運步（有可依覺識恁麼緣起的功德）。其運步的功德，須審細參學！山的運步（真如法依識心恁麼緣起無情法相），須如人的運步（佛性真如識依恁麼緣起有情識），若不視其同於人的行步，則無法得知山的運步（即緣起法相，是有情識與真如法共出一隻手）。（這裡青山、石女都是指佛性真如法，是依恁麼的運作而緣起無情、有情法，但真如法不可說是無情、有情。）

> 今佛祖之說道，既指示運步，是其得本也。須究辨常運步之示眾！運步故，常也。青山之運步，其疾如風，更

疾於風，而山中人則不覺不知也。山中者，世界裡開花，
山外人則不覺不知也。無看山眼目之人，則不覺不知，
不見不聞這個道理。若疑著山之運步，則自己之運步尚
不知也。自己之運步非無，乃不知不明自己之運步也。
如知自己之運步，當亦知青山之運步也。

今日道楷祖師的說法，既指示運步，是得其根本。須
究辨常運步的示眾！因是「運步」（恁麼，創造性緣起），
所以是常。青山的運步，其疾如風，更疾於風，而「山中人」
則不覺不知（在識心依真如法位緣起中，無法覺知真如法
的緣起滅）。在「山中」，世界裡開空花（指識心緣真如
法位的如公案現成），「山外人」（指有情識心）則不覺
不知。無看山眼目的人，則不覺不知，不見不聞這個道理
（即無法證得心法一如的無法覺知這道理）。若疑著山的
運步，則是自己的緣起運步尚不知（即不知有情識是由佛
性恁麼而來，只是有業力無明的障礙）。自己的運步非無，
乃不知不明自己的運步。如知自己的運步，當亦知青山的
運步（即有情覺識與五大真如法都是佛性恁麼而有的）。

青山既非有情，亦非無情。自己既非有情，亦非無情。

> 而今疑著青山之運步，則不可得也。以多少法界為局量
> 而照鑒賞青山，亦不知焉。青山之運步及自己之運步，
> 須明檢點！退步、進步，共當檢點。

　　青山（真如法）既非有情，亦非無情。自己（指覺性
真如，有業力染污才轉成有情識）既非有情，亦非無情。
而今疑著青山的運步，則不可得。以多少法界為局量而照
鑒賞青山，亦不知呢（即依真如法位的青山，三界眾生緣
起的法相有多少則不可知）。青山的運步及自己的運步，
須明檢點！退步、進步，共當檢點。

> 須檢點自未朕兆智正當時，及空王那畔，進步退步，運
> 步而無暫且之休止。運步若休止，則佛祖不出現。運步
> 若窮極，則佛法不到今日。進步不休止，退步不休止。
> 進步時，不乖向退步；退步時，不乖向進步。此功德為
> 山流，為流山。

　　須檢點自未朕兆智正當時（即佛性真如的恁麼創造有
情識時），及空王那畔（指真如法界），進步退步（依真
如法的緣起滅），恁麼緣起的「運步」無暫且的休止。運
步若休止，則佛祖（有情識）不出現。運步若有窮極，則

佛法不到今日。進步不休止，退步不休止。進步時（即依進步法位），不乖向退步；退步時（即依退步法位），不乖向進步。此功德進步時為**山流**（佛性緣起真如法），退步時為**流山**（緣起法滅）。

> 青山亦參究運步，東山亦參學水上行故，此參學是山之參學也。不改山之身心，以山之面目而回途參學。青山運步不得也，東山水上行不得，莫謗山。以是低下之見處疑怪故，疑怪青山運步之句也；以是少聞拙見故，驚異流山之句也。今流水之言，雖不七通八達，然唯沉溺于少見少聞而已也。

青山亦參究運步，東山亦參學水上行（下文雲門文偃說：「東山水上行」，指識心依真如法緣起東山法相），此參學是山的參學。不改山的身心，以山的面目（即真如法位）而回途參學。青山運步不得知，東山水上行不得知，莫謗山（即佛向上事的恁麼是不得知）。因是低下的見處疑怪（指有情識心有業力無明障），疑怪青山運步的語句；因是少聞拙見，驚異流山（真如法變動）的語句。今日流水的說法（識性也是依真如法緣起），雖不七通八達（指

轉入三界六道眾生），然唯沉溺於少見少聞而已。

> 是故，舉所積之功德以為形名，以為命脈。有運步，有
> 流行。有山之生山兒之時節。依山之為佛祖之道理，佛
> 祖如斯出現也。

　　所以，舉所積的真如法功德以為萬法，以為所依命脈。
有運步，有流行（有情識輪迴法界）。有山的生山兒（真
如法變動）的時節。有覺識依山真如法緣起的道理，在法
公案現成當下，有情識就如斯出現。

> 設有眼睛見取草木、土石、牆壁之現成時，亦非疑著，
> 非動著，非全現成。設是見取七寶莊嚴之時節現成，亦
> 非實歸。設見有諸佛行道之境界現成，然必非是愛處。
> 設見得諸佛不思議之功德現成之為頂寧，然如實者非只
> 此。各個之現成，是各個之依正也。非以此等為佛祖之
> 道業，是一方之管見也。

　　設有眼睛見取草木、土石、牆壁的現成時，亦非疑著
（指一元性識），非動著（指真如法），非全現成（第一
層，識界內依六根識緣起所現二元分別，但根識所現的並
非全部是依他緣起的法，例如海市蜃樓、陽焰）。設是見

取七寶莊嚴的時節現成，亦非實歸（第二層，識界內依第七識緣起所現無分別的差別相一元性，此處仍有業因與四根本煩惱）。設見有諸佛行道的境界現成，然必非是愛處（第三層，識界內依第八識緣起所現一元性，因仍依業因種子緣起，故仍非修行者所愛的無垢淨）。設見得諸佛不思議的功德現成之為頂寧（第四層，識界外佛性真如緣起所現），然如實者（真如法）非只此（因為真如法是五大法性所造，非是五大法性）。各個的緣起現成，是各個的依報正報（即佛法是覺識功德的公案現成）。非以此等為佛祖的道業（即佛性恁麼的真如法非緣起法），是一方的管見。（道元認為佛性真如以地水火風空識六大恁麼而有真如法，於這真如法再恁麼而有三界有情識心，再依識的三能變有不同層次的緣起法相，但這四層都無法完全顯現六大緣起的真如法實相。這就是**「唯識無相」**的意思，雖有真如法為外緣，但這真如法能否緣起法相是由賴耶種子決定。這也是一境四心的道理。所以真如法的外境是由識決定，業力決定識所能見聞的法界，這就是**一切唯識**的真義！）

　　轉境轉心者，大聖之所呵也；說心說性者，佛祖之所不

肯也。見心見性者，外道之活計也；滯言滯句，非解脫之道著也。有透脫如此之境界者，謂「青山常運步」也，「東山水上行」也。須慎細參究！

「轉境轉心」（有能轉心與所轉境），是大聖所呵責的；「說心說性」（心性也是一如不二），是佛祖所不辨肯的。「見心見性」，是外道的活計（前三者都有落入二元性的錯謬）；「滯言滯句」，是非解脫的說法（即有解脫則必有解脫知見）。有透脫如此境界的，如祖師所謂「青山常運步」，「東山水上行」。須慎細參究！

「石女夜生兒」者，石女生兒之時謂之夜也。大凡有男石女石，有非男女石，此能補天補地。有天石，有地石。雖是世俗之所謂，然人之所知者鮮矣！須知生兒之道理！生兒時，父母兒子並化乎？但只參學為兒之父母是生兒現成乎？須參學、究徹為父母之兒時是生兒現成之修證也！

「石女夜生兒」，是石女（指佛性真如）生兒（有情識心）的時節，是稱為夜（無法覺知）。大凡有男石女石，有非男女石，此能補天補地（即有情識依真如法而有大千

108

世界萬法）。有天石（天的真如法位），有地石（地的真如法位）。雖是世俗的稱謂，然人所知道的鮮少啊！須知生兒（指佛性真如恁麼而有有情識）的道理！生兒時，父母兒子並化（佛性識性的一體）嗎？還是只參學為兒的父母是生兒現成（佛性轉生有情識性，佛性還在嗎）嗎？須參學、究徹為父母的兒時（指「父母的兒時」是白淨真如識）是生兒現成的修證！（即父母的識性也是佛性真如恁麼創造的）

> 雲門匡真大師曰：「東山水上行。」此道所現成之宗旨，謂諸山者，東山也；一切東山者，水上行也。是故，九山迷盧等乃現成、修證。謂之東山。然則，雲門爭奈透脫東山之皮肉骨髓？爭奈透脫修證活計哉？

　雲門匡真大師說：「東山水上行。」（《雲門語錄》卷上）這句話所呈現的意義，所謂「諸山」（即真如法位），即是東山；一切東山運步（恁麼緣起），是水（識性）上行。所以，九山須彌等乃公案現成。而稱之為東山。然而，雲門是怎麼透脫東山的皮肉骨髓（緣起法端）？怎麼透脫這是修證一如的活計（真如法端）呢？

現今大宋國有一類杜撰之徒，今已成群，小實所不能擊。彼等曰：如今東山水上行話，及南泉之鐮子話者，是無理會話也。其意旨者，謂關乎諸念慮之話語者，非佛祖之禪話；無理會話，是佛祖之語話也。是故，黃檗之行棒及臨濟之舉喝，皆理會推及，不關念慮，以之為朕兆未萌已前之大悟也。先德之方便，謂多用葛藤斷句者，即無理會也。斯言之徒，未曾見正師，無參學之眼，是不足言之小呆子也。宋土，近二三百年以來。如此之魔子、六群禿子多矣！可悲佛祖大道之廢！彼等之所解，尚不及小乘聲聞，比之外道亦愚。非俗，非僧，非人，非天，比之學佛道之畜生亦愚。

現今大宋國有一類杜撰的徒輩，今已成群，小乘實教所不能擊破。彼等說：如今東山水上行話，及南泉的鐮子話，是「無理頭的話」。其意義，是說關乎諸念慮的話語，非佛祖的禪話；「無理頭的話」，是佛祖的語話。所以，黃檗的行棒及臨濟的舉喝，皆理會推及，不關念慮，以此為朕兆未萌（緣起真如法前）已前的大悟。這些祖師教法的方便，就說這多用葛藤斷句的，即是無理頭的。

110

秃子所言之無理會話，唯汝無理會也，佛祖則不然。雖言不為汝等所理會，然不可不參學佛祖之理會路。設若畢竟無理會，然汝今言之理會亦不中也。如此之輩，宋朝諸方甚多，曾親眼見聞也。可哀！彼等不知念慮之是語句，不知語句透脫念慮。在宋時，曾笑彼等，則彼等無所陳，只無語而已。彼等但是今此無理會之邪計也。誰教汝等哉？雖無天真之師範，（要之），是自然之外道兒也。

這些人所認為的無理頭的話，唯有你們無法理會，佛祖師則不然。雖說不為你們等所理會，然不可不參學佛祖師的理會路。設若畢竟無法理會，然你們今日所說的理會也不對。如此之輩，宋朝諸方甚多，曾親眼見聞。可哀！**彼等不知念慮的是語句，不知語句是透脫念慮的**（是說名相語句落入意識分別才是二元性，名相語句的緣起法本身是不落分別的）。在宋時，曾笑彼等，則彼等無所陳訴，只無語而已。他們這種無理頭的邪計。誰教他們的呢？應是無天真的明師指導，只是自然的外道兒。

當知此「東山水上行」者，佛祖之骨髓也；諸水者，現

111

> 成於東山之腳下也。是故，諸山則乘雲、走天。諸水之
> 頂顛者，諸山也；向上、直下之行步，共為水之上也。
> 諸山之腳尖，能行步諸水，令諸水鉤出故，運步則七縱
> 八橫，修證即不無。

當知此「東山水上行」，是佛祖的骨髓（即佛法的公
案現成功德）；「諸水」（有情識性），是現成於東山的
腳下。所以，諸山則乘雲、走天。諸水的頂顛，是諸山；
向上、直下的行步，共為水的上面。諸山的腳尖，能行步
諸水，令諸水鉤出故（即識性依真如法緣起），運步則七
縱八橫，修證即不無（即有緣起就有公案的現成）。

> 水者，非強弱，非濕乾，非動靜，非冷暖，非有無，非
> 迷悟；凍則堅于金剛，誰能破之？融則柔于乳水，誰
> 能破之？是故，不能怪疑現成之所有功德。且當參學須
> 於十方著眼看十方水之時節，非但是參學看人天水之時
> 節。有水看水之參學，以水修證水故。有水道著水之參
> 究，當令自己相逢於自己之通路現成。須往來、跳出參
> 徹他己之為他己之活路。

「水」（有情識性），非強弱，非濕乾，非動靜，非

112

冷暖，非有無，非迷悟；凍（指識性的靜）則堅於金剛，誰能破之？融（指識性的動）則柔於乳水，誰能破之？所以，不能怪疑（業識）現成的所有功德。且當參學須於十方著眼看十方水（三界有情識）的時節，非但是參學看人天水（人天有情識）的時節。有水看水（指三界六道有情識的比照）的參學，因是水修證水（由欲界有情識往上修證色界、無色界）。有水道著水（指三能識轉變）的參究，當令自己（識心）相逢於白己（佛性真如識）的通路現成（性相一如的修證）。須往來、跳出參徹他己（三界有情識）的為他己的活路（即要透徹三界有情識的緣起的因緣）。

大凡見山水者，依種類而有不同。有謂見水則見瓔珞者，然其非見瓔珞為水。吾等見何形為彼（見之）水？彼之（見）瓔珞者，則吾見之為水。有見妙華為水者，然其非用花作水。鬼以水見為猛火，見為濃血；龍魚則見為宮殿，見為樓臺。或有見為七寶摩尼珠者，或有見為樹林牆壁者，或有見為清淨解脫者，或有見為真實人體者，或有見為身相心性者。人間見之為水者，是活殺之因緣也。既是隨類所見之不同，故且須疑著之！其是見一境

而諸見紛然乎？以錯誤諸象為一境乎？於功夫（參究）頂巔上更須功夫參究！以此故，則修證辦道，不可一般兩般；究竟之境界，亦當千種萬般。更臆想此宗旨，諸類（境界）之水雖多，然本水如無，諸類（境界）之水如無。故隨類（所見）之諸水者，其非由心，非依身，非自業生，非依自，非依他，乃依水透脫也。

大凡見山水的，依種類而有不同（因緣法緣起是依識而異，佛性真如的緣起也是如此，所以唯識家常用，水是「天見寶莊嚴，人見為清水，魚見為窟宅，鬼見為膿血」的「**一境四心**」現成）。有謂見水則見瓔珞的，然其非見瓔珞為水。吾等見何形為彼所見的水？彼所見的瓔珞，則是吾見的水。有見妙華為水的，然其非用花作水。鬼以見水為猛火，見水為濃血；龍魚則見為宮殿，見為樓臺。或有見為七寶摩尼珠的，或有見為樹林牆壁的，或有見為清淨解脫的，或有見為真實人體的，或有見為身相心性的。人間見到的水，是活殺的因緣。既是隨類（各類眾生業識）所見的不同，故且須疑著這（要知道有業力的作用）！其是見一境而諸見紛然嗎？以錯誤諸象為一境嗎？應於功夫

參究頂巔上更須功夫參究！因為這樣，則修證辦道，不可一般兩般；究竟的境界，亦當千種萬般。更臆想此意義，諸類境界的水雖多，**然真如本水如無，諸類境界的水也無**（緣起的道理是依著真如法有，才有依他起的法相）。故隨類所見的諸水，其非由心，非依身，非自業生，非依自，非依他，乃是有情識依真如法水恁麼緣起。

> 是故，水者，非地、水、火、風、空、識等（之水），非青、黃、赤、白、黑等（之水），非色、聲、香、味、觸、法等（之水），而地、水、火、風、空等之水，則其子現成。既如是故，而今之國土、宮殿，當難以究明其為何物之能成所成。道著其關乎空輪、風輪，則非吾之真意，亦非他之真意，是擬議小見之測度也。以若無所倚則不可住之念故，乃如此道著也。

所以，這真如法「水」，非六大地、水、火、風、空、識性等的水，非五色青、黃、赤、白、黑等的水，非六塵色、聲、香、味、觸、法等緣起法的水，而是可依五大地、水、火、風、空等創造的真如法水（子）現成。既如是故，而今的國土、宮殿等真如法，當難以究明其為何物創造成的。

說是關於空輪、風輪恁麼的運作（《俱舍論》有五大創造
四輪〔金輪、水輪、風輪、空輪〕法教，以此四輪支持器
世間），則非我的真意，亦非真如法「水」的真意，都是
擬議小見的測度。以為若真如法「水」無所倚則不可有住
的法相，才會如此說。

> 佛言：「一切諸法，畢竟解脫，無有所住。」須知諸佛
> 雖以解脫而無系縛，且各住其法位。然人之見水，則有
> 一途見水流注而不止。其流者，有多般，此是人見之一
> 端也。謂流通于地，流通於空，流通于上方，流通于下
> 方。亦流於一曲，亦流於九淵。上則為雲，下則成淵。

　佛說：「一切諸法（無自性、空），畢竟解脫（緣起
無礙），無有所住（法不執著、無系縛）。」（《大寶積經》
卷八十七）須知諸佛（覺識）是以緣起真如法無礙、不執
著，而且真如法是各住其法位的。然而人的見水（識性依
真如法水緣起），則有一途見水流注而不止。水流的方式，
有多種，此人見是其一端（即「**一境四心**」現成）。所謂
流通於地，流通於空，流通於上方，流通於下方。亦流於
一曲，亦流於九淵。上則為雲，下則成淵（即各住其法位

116

的公案現成）。

> 《文子》曰：「水之道，上天為雨露，下地為江河。」
> 今俗之所言尚如此，自稱佛祖兒孫之輩，若比俗亦昧，
> 則更可恥！謂水之道，雖非水所知覺，然水能現行也；
> 雖非水之不知覺，然水能現行也。

《文子》（即《通玄真經》）說：「水之道，上天為雨露，
下地為江河。」今俗人的所言尚如此，自稱佛祖兒孫之輩
應知這水（識性）就能上天、下地成就三界六道眾生，若
比俗人還愚昧不知，則更可恥！創造真如法水的道理，雖
非水（識性）所能知覺識的三能轉變，然識性水能恁麼創
造三界眾生現行；正因水（識性）有佛性功德，故水（識性）
能恁麼起眾生公案現成。

> 謂「上天為雨露」，當知水者，上遙遠之上天上方為雨
> 露也。雨露者，隨世界而千姿百態。謂水有不到之處者，
> 即小乘聲聞之教也，或外道之邪教也。水者，亦到火焰
> 裡，亦到心念思量分別裡，亦到覺智佛性裡也。

所謂「上天為雨露」，當知「水」（指有情識），是
可上遙遠的上天上方為雨露（即成為天界、色界眾生）。

117

「雨露」（指各類眾生），是隨三界而千姿百態。所謂「水有不到之處」，即是小乘聲聞的法教，或外道的邪教（即此小見不知有唯識的法教）。「水」（識性），亦到火焰（真如法）裡，亦到心念思量分別（二元性分別識）裡，亦到覺智佛性（覺識）裡。

> 「下地為江河。」須知水下地時，成江河也。江河之精，能成賢人。今凡愚庸流者以為水在江河海川中。非然也，水中即為江海也。是故，不是江海之處亦有水，水下地時，但做江海之功也。

「下地為江河」。須知水（識性）下地時，成江河（即欲界眾生識）。江河的精（有情識具分別意識理性功德者），能成有智慧的賢人。今凡愚庸流者以為水在江河海川中。不是這樣的，水中即為江海（即江海的緣起法相是由識水所緣起）。所以，不是江海之處（指色界、無色界）亦有水（識性），水下地時，但做江海的功德（即識性因業力無明下墮為欲界眾生）。

> 又，不得學既是水之為江海，即不應有世界，不應有佛土。一滴之中，無量之佛國土亦現成也。然則，佛土之

中非有水,水裡非有國土。水之所在,既不關乎三際,不關乎法界。且雖如是,然水是現成之公案也。

又,不得認為水既是為江海(欲界染污識),即不應有世界(真如法依報),不應有佛土(緣起法相)。雖是欲界一滴水(有情識)之中,能現無量的佛國淨土(真如法緣起的法相)。然而,佛土(緣起法相)之中非有水,水裡非有國土(識性法相是緣起的關係,非相涉入)。水(識性)的所在,既不關於三際時間相,不關於法界空間相。且雖如是,然水是現成的公案(即有情識水是能緣起萬法)。

佛祖所到之處,水必到;水所到之處,佛祖必現成也。依以之佛祖必拈水為身心,作思量。

佛祖(佛性識)所到之處,水(有情識性)必到;水所到之處,佛祖覺識功德必現成。依以之佛祖必拈水為身心,作思量。

是故,謂水不上升者,不見載於內外之典籍。「水之道」者,通達於上下、縱橫。故佛經中言:「風火上上,地水下下。」此上下者,有參學之處,所謂參學佛道之上

下者也。謂以地水之行處為下也，非以下為水之行處。風火之行處者，上也。法界雖非必關乎於上下四維之量，然依四大、五大、六大等之行處，姑且建立方隅法界而已。非以無想天為上，阿鼻獄為下。阿鼻亦是盡法界，無想亦是盡法界。

所以，說「水不上升」，是不見載於內外的典籍。「水之道」，是通達於上下、縱橫。所以佛經中說：「風火上上，地水下下。」這「上下」（指無明業力影響有情識性緣真如法的功德），是有參學之處，是所謂參學佛道的上下（即修證佛道的正途）。是說以地水的行處（指欲界有情識的無明業力）為下（佛道中以欲界的痴地、貪水、瞋火為下），不是以下為水的行處。風火的行處，是上（色界的風、空為上）。法界雖非必關乎於上下四維的量，然依四大、五大、六大等的行處，姑且建立方隅法界而已。非以無想天為上，阿鼻獄為下。阿鼻亦是盡法界，無想亦是盡法界（即緣起的法界是虛幻的、無盡的）。

然則，龍魚之見水為宮殿時，當如人之見宮殿，不得更知見其流去。若有旁觀者，為期說汝之宮殿是即流水時，

如我等今聞著山流之說著（而驚奇），龍魚則忽爾驚疑。更於宮殿樓閣之欄、階、露、柱，若如是說著，則亦將保任。此料理，須靜心思來想去！若于此邊學不透脫，則非解脫凡夫之身心，非究竟佛祖之國土，非究竟凡夫之國土，非究竟凡夫之宮殿。

然而，龍魚的把水當為宮殿時，當如人看見宮殿，龍魚不會認為所見水（宮殿）會像人見的水流去。若有旁觀的人，為龍魚說你的宮殿即是流水時，會像我們今日聽聞山流（依真如法緣起法相）的說法而驚奇，龍魚則忽爾驚疑。更有龍魚依報世界的宮殿樓閣的欄、階、露、柱，若如是依報法的現成，則亦將保任它們在龍魚的世界的位置。此道理，須靜心思來想去！若於此邊學不透脫，則非能解脫凡夫的身心，非能參學究竟佛祖的國土，非能參學究竟凡夫的國土，非能參學究竟凡夫的宮殿。（即參學一切諸法，唯識所現。）

今人雖深知見海之心，見江之心為水，然尚不知龍魚等以何物知見為水，使用作水。不得愚昧認為，我等之見之水，一切生類亦用其為水。今學佛之徒，學水時，切勿只一昧滯留於人間，須進前參學佛道之水！須參學佛

祖所用之水我等見之為何？須參學佛祖之屋裡有水乎？無水乎？

今人雖深知見海的心，見江的心為人道有情識水，然尚不知龍魚等以何種業識水，使用作識水的功德。不得愚昧認為，我等所見的識水，一切眾生類亦用其為識水（因為各類眾生識業無明力不同）。今學佛之徒，學識水時，切勿只一昧滯留於人間，須進前參學佛道上的各類眾生識水！須參學佛祖（佛性識）所用的水我等見之為何？須參學佛祖的屋裡有水呢？無水呢？（即佛性真如中，識性的有無、虛幻與否？）

山者，超古超今，大聖之所居。賢人聖人，皆以山為堂奧，以山為身心。依賢人聖人，山則現成。大凡以為山者，乃許多大聖大賢之雲集處，然自其入山以來，則無一人邂近一人，唯山之活計現成而已，更不留去來之蹤跡。於世間望山之時節，與於山中會山之時節，其頂顛眼睛，遙相異趣。不流之臆想及不流之知見，亦不可與龍魚之知見相齊。人、天之於自界得所，他類則疑著之，或不及於疑著。是故，須向佛祖學山流句，不可任其驚

疑。拈一者，流也，拈一是不流也。一回者，流也，一回者，不流也。若無此參究，則非如來正法輪。

「山」（指識性緣起法，具意識分別的二元性境），是超古超今，大聖的所居。賢人聖人（具意識分別智慧），皆以山為堂奧，以山為身心。依賢人聖人，則山的公案現成（即分別萬法有各種名相）。大凡以為「山」，乃許多大聖大賢的雲集處，然自其入山以來，則無一人邂逅一人（即落入分別就不會有一元性我法一如），唯山的活計現成而已，更不留去來的蹤跡。於世間望山（即有情識心緣法相的二元性）的時節，與於山中會山（即識心緣起法的一元性）的時節，其頂顛眼睛，遙相異趣。此「山」不流的臆想及不流的知見，亦不可與龍魚的知見相齊。人、天之於自己識界所得，他類眾生則因業力疑著，或不及於有疑著的能力。所以，須向佛祖學山流句，不可任其驚疑。拈一者（即此真如法位），是流，拈一（即彼真如法位）是不流。一回流法位者，是流，一回不流法位者，是不流。若無此參究，則非如來正法輪。（前面道元說：「江河之精，能成賢人」，是指能二元性分別緣起法，但不為貪瞋癡三毒所染的人。）

【9】
阿羅漢

「諸漏已盡，無復煩惱，逮得己利，盡諸有結，心得自在。」此是大阿羅漢也，是學佛者之極果也。名第四果者，有佛阿羅漢也。「諸漏」者，沒柄破木杓也；用來雖已多時；而「已盡」則木杓渾身跳出也；「逮得己利」者，出入於頂巔上；「盡諸有結」者，盡十方界不曾藏；「心得自在」之形段，參究之為高處自高平，低處自低平。故有牆壁瓦礫。謂自在者，心也全機現也。「無復煩惱」者，未生煩惱也，謂煩惱被煩惱礙。

「諸漏已盡，無復煩惱，逮得己利，盡諸有結，心得自在。」此是大阿羅漢，是學佛者的極果。名第四果，是有佛（識心一元性）阿羅漢。「諸漏」（識心緣起法經三能識變落入二元性分別），是沒柄破木杓（已斷六根識的識心）；用來雖已多時；而「已盡」則是木杓渾身跳出（識

心緣起法不再經二、三能變，但仍有異熟能變的習氣種子）；「逮得己利」，是出入於頂巔上（處識心依真如法緣起時的一元性境）；「盡諸有結」（斷除五下、五上分結），是識性能緣盡十方界不有無明障；「心得自在」的形段，是參究為高處自高平，低處自低平（一元的平等性智，是類之弗齊，混則知處）。故有牆壁瓦礫的「百雜碎」。所謂「自在」，心也全機現（即八識全機現成一元性識）。「無復煩惱」，是未生煩惱（即心王不伴心所法），是說煩惱被煩惱礙（即性相一如的恁麼，這裡指大阿羅漢是利自的證真如法，於真如法位而不起緣起法用功德）。

> 阿羅漢之神通、智慧、禪定、說法、化道、放光等，更不應與外道、天魔等相提並論。見百佛世界等論，必不可准於凡夫之見解。是將謂鬍鬚赤，更有赤鬍鬚之道理也。入涅槃者，是阿羅漢入拳頭裡之行業也；所以涅槃妙心也，無回避處也。入鼻孔之阿羅漢，是為真阿羅漢；未出入於鼻孔者，非阿羅漢。

是所謂鬍鬚（識心）赤（落二元性的相似佛道），更有赤鬍鬚的道理（即一元性的真正佛道）。「入涅槃」，

125

是阿羅漢入拳頭（真如法界）裡的行業；所以涅槃妙心，
是無回避處。入鼻孔（識心依真如法緣起的一元境）的阿
羅漢，是為真阿羅漢；未出入於鼻孔的（即無覺識功德的），
非阿羅漢。（**《指月錄》**——百丈師至晚上堂，舉前因緣，
黃檗便問：「古人錯祇對一轉語，墮五百生野狐身，轉轉
不錯，合作個什麼？」師曰：「近前來，向汝道。」檗近
前打師一掌，師笑曰：「將謂鬍鬚赤，更有赤鬍鬚。」）

> 古云：「我等今日，真阿羅漢；以佛道聲，令一切聞。」
> 今謂「令一切聞」之宗旨者，即令一切諸法（之聞）佛
> 聲也。豈只舉拈諸佛及弟子哉？有識有知，有皮有肉，
> 有骨有髓之徒皆令聞，是謂「令一切」也。謂有識有知
> 者，國土草木、牆壁瓦礫也，搖落盛衰，生死去來，皆
> 聞著也。「以佛道聲，令一切聞」之由來者，非只參學
> 渾界為耳根也。

《法華經・信解品》中說：「我等今日，真阿羅漢；
以佛道聲，令一切聞。」今所謂「令一切聞」的意義，即
是令一切諸法的聽聞佛聲（即是一切諸法依識性緣起）。
豈只舉拈諸佛及弟子（指佛性及其創造的有情識）呢？有

識有知（指落入二元分別的緣起法），有皮有肉，有骨有髓的徒弟（皮肉骨髓指修行者的證悟程度，這裡指不同程度業力無明的三界有情識）皆令聽聞，是所謂「令一切」。所謂「有識有知」，就是國土草木、牆壁瓦礫等（即緣起的分別法相），搖落盛衰，生死去來，皆聽聞這識心緣起法的變動。「以佛道聲，令一切聞」的由來，非只參學渾界為耳根（即識性依真如法緣起，不是僅耳根識功德用）。

> 釋迦牟尼佛言：「若我弟子，自謂阿羅漢、辟支佛者，不聞不知諸佛如來但教化菩薩事，此非佛弟子，非阿羅漢，非辟支佛。」佛言「但教化菩薩事」者，即「我及十方佛，乃能知是事也。」「唯佛與佛，乃能究盡諸法實相」也。（已得）阿耨多羅三藐三菩提也。然則，菩薩諸佛之「自謂」者，亦當與「自謂阿羅漢辟支佛者」相等。所以者何？「自謂」，即聞知「諸佛如來，但教化菩薩事」也。

釋迦牟尼佛說：「若我弟子，自謂阿羅漢、辟支佛者（此兩者是利自的證真如法，於真如法位而不起緣起法用功德），不聞不知諸佛如來但教化菩薩事（指四無量心，

即佛法是依真如法緣起一元性的法用功德），此非佛弟子，非阿羅漢，非辟支佛。」（《法華經・方便品》）佛說「但教化菩薩事」（即是說識心佛緣起一元性法必依四無量心而有法用功德，若無法用功德則是非緣起法，故也即非佛法），這即是「我及十方佛，乃能知是事。」「唯佛與佛，乃能究盡諸法實相」。是已得阿耨多羅三藐三菩提。然而，菩薩諸佛的「自謂」（即識性的證真如緣起一元性的類之弗齊、混則知處），亦當與「自謂阿羅漢辟支佛者」（識性自證真如佛性，但言語道斷、心行滅處）相等。所以者何？「自謂」（證一如性功德），即是聞知「諸佛如來，但教化菩薩事」（即覺知緣起法的性相一如、心法一如）。

古云：「聲聞經中，稱阿羅漢，名為佛地。」今之道者，是佛道之證明也，但非論師胸臆之說，有佛道之通軌。既須參學稱阿羅漢為佛地之道理，又須參學稱佛地為阿羅漢之道理也。阿羅漢果之外，無有一塵一法之所剩法，況有三藐三菩提焉！阿耨多羅三藐三菩提之外，更無一塵一法之剩法，況有四向四果哉？阿羅漢擔來諸法之正當恁麼時，此諸法，實非八兩，非半斤；不是心，不是

佛，不是物也。佛眼也覷不見也，不可論八萬劫之前後。
須參學抉出眼睛之力量，剩法者，渾身剩也。

　古說：「聲聞經中，稱阿羅漢，名為佛地。」（《摩
訶止觀》卷三・聲聞經）今所說的，是佛道的證明，但非
論師胸臆所說的，這是佛道的通軌。既須參學稱阿羅漢為
「佛地」（識性證真如法位）的道理，又須參學稱佛地為
阿羅漢（具覺識功德的白淨識）的道理。阿羅漢果（指真
如法位的白淨識）之外，無有一塵一法的所剩法（即白淨
識無一點業力無明），況且要有三藐三菩提（覺性）呢！
阿耨多羅三藐三菩提（真如覺性）之外，更無一塵一法的
剩法，況有四向四果呢？阿羅漢擔來諸法（識性覺證真如
法）的正當恁麼時，此諸法（指真如法），實非八兩，非
半斤；不是心，不是佛，不是物。佛眼也覷不見，不可論
八萬劫的前後。須參學抉出眼睛（指業識去除無明垢成白
淨識）的力量，「剩法」，是渾身剩（即是說佛性識的絕
對實法性）。

釋迦牟尼佛言：「是諸比丘、比丘尼，自謂已得阿羅漢，
是最後身，究竟涅槃，便不復志求阿耨三藐三菩提。當

> 知此輩皆是增上慢人。所以者何？若有比丘，實得阿羅
> 漢，若不信此法，無有是處。」

　　釋迦牟尼佛說：「是諸比丘、比丘尼，自謂已得阿羅
漢，是最後身，究竟涅槃，便不復志求阿耨三藐三菩提（即
佛向上的真如覺性，因阿羅漢只是真如法位的識性，是佛
覺性恁麼創造而有的）。當知此輩皆是增上慢人（即未知
有佛向上事）。所以者何？若有比丘，實得阿羅漢，若不
信此法，無有是處。」（《法華經‧方便品》）

> 謂能信阿耨三藐三菩提，即證阿羅漢；必信此法，則咐
> 囑此法。單傳此法，則修證此法。「實得阿羅漢」，則
> 非是「最後身、究竟涅槃」，以其志求阿耨多羅三藐三
> 菩提故。志求阿耨多羅三藐三菩提者，即弄眼睛也，壁
> 面打坐也，面壁開眼也。遍界而神出鬼沒，互時而互換
> 投機。如是則謂志求阿耨多羅三藐三菩提。所以志求阿
> 羅漢也。志求阿羅漢者，粥足飯足也。

　　所謂能信阿耨三藐三菩提，即是證阿羅漢（即佛覺性
與識性的一如）；必信此法，即是咐囑此法。單傳此法，
即是修證此法。「實得阿羅漢」，則非是「最後身、究竟

涅槃」，是因其志求阿耨多羅三藐三菩提（識心證得佛覺性）。志求阿耨多羅三藐三菩提的，即是弄眼睛，壁面打坐（即求證三菩提的，需斷除六根識的追逐外緣），面壁開眼（識覺仍惺惺然）。識覺遍界而神出鬼沒，互時而互換投機（識心依真如法緣起於一元性）。如此求證阿耨多羅三藐三菩提。就是求證阿羅漢。求證阿羅漢的，是能粥足飯足（自足圓滿）。

> 夾山圓悟禪師云：「古人得旨之後，向深山、茆茨、石室折腳鐺子，煮飯吃十年二十年，大忘入世，永謝塵寰。今時不敢望如此，但只韜名晦跡，守本分，作個骨律錐老衲，以自契所證，隨己力量受用，消遣舊業，融通宿習，或有餘力，推以及人，結般若緣，練磨自己腳跟純熟，正如荒草裡拔剔一個半個，同知有，共脫生死，轉益未來，以報佛祖恩。抑不得已，霜露果熟，推將出世，應緣順適，開托人天，終不操心於有求。何況依倚貴勢，作流俗阿師，舉止欺凡罔聖，苟利圖名，作無間業。縱無機緣，只恁度世亦無業果，真出塵羅漢耶？」

即是說佛法是一元性覺識緣起的，具四無量心有法用

功德，若無法用功德則是非佛法，非真阿羅漢。（《圓悟
禪師語錄》卷十四）

> 是故，而今本色之納僧，是「真出塵阿羅漢」也，欲知
> 阿羅漢之性相，當知乃如此也。莫妄計西天論師等之語。
> 東地圓悟禪師者，是有正傳嫡嗣之佛祖也。洪州百丈大
> 智禪師云：「眼耳鼻舌身意，各各不貪染一切有無諸法，
> 是名受持四句偈，亦名四果。」而今不關乎自他之「眼
> 耳鼻舌身意」，其頭正尾正，不可明測。所以，渾身自
> 不貪染，於渾一切有無諸法亦不貪染。受持四句偈，自
> 之渾渾，謂不貪染，亦名四果；四果者，阿羅漢也。

　　所以，而今能稱為納僧的，是「真出塵阿羅漢」（即
應是有業果的緣起法用功德），欲知阿羅漢的性相，當知
乃是如此。莫妄計西天論師等的說法。東地圓悟禪師者，
是有正傳嫡嗣之佛祖師。洪州百丈大智禪師說：「眼耳鼻
舌身意，各各不貪染一切有無諸法，是名受持四句偈，亦
名四果。」（《天聖廣燈錄》卷九　百丈章）而今不關乎
自他（不落我相、人相）的「眼耳鼻舌身意」，其頭正尾正，
不可明測（指六根識是屬真如法位）。所以，渾身自不貪

染，是於渾一切有無諸法亦不貪染。受持四句偈，自之純
一，謂不貪染（即各識緣起法不落入四相分別，即可轉識
成智），亦名四果；「四果」（斷除五下、五上分結無明
業力），即是阿羅漢。

> 所以，而今現成之眼耳鼻舌身意者，即是阿羅漢也。構
> 本宗末，自當透脫；始到牢關，受持四句偈，即是四果
> 也。透頂透底，全體現成，更無絲毫之遺漏。畢竟道取，
> 作麼生道？謂：「羅漢在凡，諸法教他掛礙；羅漢在聖，
> 諸法教他解脫。須知羅漢與諸法同參也，既證阿羅漢，
> 被阿羅漢礙也。所以空王以前老拳頭也。」

　　所以，而今現成的眼耳鼻舌身意六根識，即是阿羅漢。
構本宗末（即建構有情的八識體），自當透脫（各根識是
自性清淨）；始到牢關（第七末那我執識），受持四句偈（即
金剛經的無四相），即是四果。透頂透底，全體現成，更
無絲毫的遺漏（即有情八識一起成道清淨）。這道理如何
說呢？所謂：「羅漢在凡（識心處二元性轉識），諸法教
他掛礙；羅漢在聖（識心處一元性轉識），諸法教他解脫。
須知羅漢與諸法同參（即緣起法公案現成），既證阿羅漢，

被阿羅漢礙（即心法一如）。所以空王（佛覺性恁麼創造的識心）以前是老拳頭（真如法）。」（常州華藏遁庵宗演禪師的上堂說法：「華藏也無活計可作。亦無家宅可破。逢人突出老拳。要伊直下便到。且道到後如何。三十六峰觀不足。卻來平地倒騎驢。」所以前面道元才說，「入涅槃」，是阿羅漢入拳頭裡的行業。）

【10】
王索仙陀婆

有句無句，如藤如樹。喂驢喂馬，透水透雲。既恁麼故，大涅槃經中，世尊道：「譬如大王諸群臣仙陀婆來。仙陀婆者，一名四實。一者鹽，二者器，三者水，四者馬。如是四物，共同一名。有智之臣善知此名。若王洗時，索仙陀婆即便奉水。若王食時，索仙陀婆即便奉鹽。若王食已欲飲漿時，索仙陀婆即便奉器。若王欲游，索仙陀婆即便奉馬。如是智臣，善解大王四種密語。」

有句無句，如藤如樹。喂驢喂馬，透水透雲（這是說：世間法中，語句名相就像是萬象草木一樣，其功德法用也可以顯現差別的功能。就像叫驢則驢知，叫馬則馬知。這法用是透過真如法性的**恁麼功德**）。既恁麼故，大涅槃經中，世尊說：「譬如大王諸群臣仙陀婆來。仙陀婆者，一名四實。一者鹽，二者器，三者水，四者馬。如是四物，

共同一名。有智之臣善知此名。若王洗時，索仙陀婆即便
奉水。若王食時，索仙陀婆即便奉鹽。若王食已欲飲漿時，
索仙陀婆即便奉器。若王欲游，索仙陀婆即便奉馬。如是
智臣，善解大王四種密語。（即是說王雖然使用相同名相，
但有覺知的大臣能知其心意差別）」（《大般涅槃經》卷
九　如來性品）（這裡道元禪師用譬如大王索諸群臣仙陀
婆來，進一步闡明「汝得吾髓，是他心通」。正是拈花微
笑的他心教誡）

> 此王索仙陀婆並臣奉仙陀婆，傳來有久，與法服同傳。
> 世尊既不免舉拈，故兒孫常舉拈。審細疑著：與世尊同
> 參者，皆以仙陀婆為踐履也。若與世尊不同參，則可更
> 買草鞋行腳，進一步始得。已是佛祖屋裡之仙陀婆，密
> 被洩漏，（故）大王家裡亦有仙陀婆。

　　此王索仙陀婆並臣奉仙陀婆，傳來有久，與佛法僧服
同傳。世尊既不免舉拈，故兒孫常舉拈。要審細疑問：與
世尊同參者（識性是依著佛覺性功德），是皆以仙陀婆為
踐履（即此他心覺知功德）。若與世尊不同參，則可更買
草鞋行腳，進一步參學始得。已是佛祖屋裡的仙陀婆，密

被洩漏，故大王家裡亦有仙陀婆。

> 大宋慶元天童山宏智古佛上堂示眾云：「舉僧問趙州：
> 『王索仙陀婆時如何？』」趙州曲躬叉手。　雪竇拈
> 云：「索鹽奉馬。」　師云：「雪竇一百年前作家，趙
> 州百二十歲古佛。趙州若是，雪竇不是；雪竇若是，趙
> 州不是。且道：『畢竟如何？』」　天童不免下個注腳：
> 差之毫釐，失之千里。會也打草驚蛇，不會也燒錢引鬼。
> 荒田不揀老俱胝，只今信手拈來底。先師古佛上堂時，
> 常曰：「宏智古佛。」

　　大宋慶元天童山宏智古佛上堂示眾說：「舉僧問趙州：
『王索仙陀婆時如何？』（即是問：如何是佛法的他心法
教）」趙州曲躬叉手（問候姿勢）。雪竇拈說：「索鹽奉
馬。」師云：「雪竇是一百年前作家，趙州是百二十歲古
佛。趙州若對，雪竇就不對；雪竇若對，趙州就不對。且道：
『畢竟如何？』」天童不免下個注腳：差之毫釐，失之千
里（即這樣是會錯意）。會也打草驚蛇（如果知道趙州的
行儀，就知道回答了問題），不會也燒錢引鬼（如果不考
慮趙州的行儀，只想問題的名相表達，這是若入二元分別

慮知的）。荒田（指昏亂的二元緣起法相）不撿老俱胝（指
識心覺處不落名相），只今信手拈來底（即緣起法是不落
分別揀擇的）。（《宏智廣錄》卷四）先師古佛上堂時，
常說：「宏智古佛。」（《如淨語錄》收的「天童寺語錄」）

> 是故，以宏智古佛相見為古佛者，唯先師古佛。宏智時，
> 有云徑山大慧禪師宗杲者，當是南嶽之遠孫。大宋一國
> 之天下以為大慧當與宏智等，甚或以為比之宏智亦更為
> 其人也。此錯者，乃大宋國內之道俗，皆以疏學，慧眼
> 未明，不明知人，亦無知己之力也。 宏智之所語者，有
> 真個之立志！

所以，以宏智古佛相見為古佛者，唯先師古佛如淨禪
師。宏智時，有稱徑山大慧禪師宗杲，當是南嶽的遠孫。
大宋一國的天下以為大慧當與宏智等齊，甚或以為比宏智
亦更為有修行之人。此是錯誤，乃因大宋國內的道俗，皆
以疏學，慧眼未明，不明知人，亦無知己的力量。宏智所
說的，是有真的可學處！

> 當參學趙州古佛之「曲躬叉手」之道理。正當恁麼時，
> 是王索仙陀婆也否？臣奉仙陀婆也否？當參學雪竇「索

鹽奉馬」之宗旨。謂「索鹽奉馬」者，皆是王索仙陀婆也，是臣仙陀婆也。世尊索仙陀婆，迦葉破顏微笑也。初祖索仙陀婆，四子奉馬鹽水器。馬鹽水器之乃是索仙陀婆時，當參學奉馬奉水之關捩子！

當參學趙州古佛的「曲躬叉手」的道理。正當恁麼時，是他在表達心意嗎？還是他在回答問題？當參學雪竇「索鹽奉馬」的意義。說「索鹽奉馬」，皆是心意表達，還是回答問題。世尊索仙陀婆，迦葉破顏微笑。初祖達摩索仙陀婆，四子奉馬鹽水器。當馬鹽水器是索仙陀婆時，當參學奉馬奉水的關捩子（即他心意識的覺知功德）！

南泉一日見鄭隱峰來，遂指淨瓶曰：「淨瓶即境，瓶中有水，不得動著境，與老僧將水來。」峰遂將瓶水向南泉面前潑。泉即休。既是南泉索水，徹底海枯；隱峰奉器，瓶漏傾湫。雖且如是，當參學境中有水、水中有境。動水也未？動境也未？

南泉一日見鄭隱峰來，遂指淨瓶說：「淨瓶即境，瓶中有水，不得動著境，與老僧將水來。」峰遂將瓶水向南泉面前潑。泉即休。（《聯燈會要》卷五　隱峰章）既是

南泉索水，徹底海枯；隱峰奉器，瓶漏傾湫（即是說：既
是索水，則全境唯是水，當然全瓶傾泄）。雖且如是，當
參學境（指公案現成法相）中有水（指識性）、水中有境。
動水也未？動境也未？（是說，這公案中仍有可參學的，
識心緣起法中如境中有水、水中有境，是會動了識水嗎？
會動了所緣真如法境嗎？）

> 香嚴智燈大師，因僧問：「如何是王索仙陀婆？」嚴云：
> 「過這邊來。」僧過去。嚴云：「鈍置殺人。」　且問：
> 「香嚴道底『過這邊來』，是索仙陀婆也麼？是奉仙陀
> 婆也麼？試請道看！」

　　香嚴智燈大師，因僧問：「如何是王索仙陀婆？」嚴
說：「過這邊來。」僧過去。嚴說：「鈍置殺人（笨到極點，
這裡香嚴大師只是舉一句話當例子，要僧徒知道：當你聽
到這句話就可以知道意思要做什麼。就是『王索仙陀婆』
的道理而已）。」（《景德傳燈錄》卷十一　香嚴章）且問：
「香嚴道底『過這邊來』，是索仙陀婆嗎？是奉仙陀婆嗎？
試請道看！」

「僧過這邊來」，是香嚴索底也麼？是香嚴奉底也麼？
是香嚴之本期也麼？若非本期，則不可云「鈍置殺人。」
若是本期，則不可為鈍置殺人。雖是香嚴之一期盡力道
底，然不免喪失身命。比如是敗軍之將更談武勇。大凡
說黃道黑，頂顛眼睛，自是索奉仙陀婆，審審細細也。
拈拄杖，舉拂子，可謂誰不知！然則，其不在膠柱調弦
者之分上。此輩人，以不知膠柱調弦，故非分上也。

「僧過這邊來」，是香嚴索底嗎？是香嚴奉底嗎？是
香嚴的預期的嗎？若非預期的（指是錯解意思），則不可
說「鈍置殺人」。若是預期的（聽懂這意思），也不可認
為是鈍置殺人。雖是香嚴的一期盡力說法表達，然不免喪
失身命（即落入言語的二元性分別中，所以僧徒一聽就按
照他的話「過這邊來」）。比如是敗軍之將更談武勇。大
凡說黃說黑，頂顛眼睛，自是索奉仙陀婆，是審審細細（即
這些是不必落入二元分別即可覺知法相的差異）。拈拄杖，
舉拂子，可說誰不知！然而，其不在膠柱調弦（比喻執著
二元分別的固執拘泥，不知變通）者的分上。此輩人，因
不知膠柱調弦，故非分上。

世尊一日陞座，文殊白槌云：「諦觀法王法，法王法如
是。」世尊下座。 雪竇山明覺禪師重顯云：「列聖從
中作者知，法王法令不知斯；眾中若有仙陀客，何必文
殊下一槌。」

然則，重顯所道，若一槌如渾身無孔，則下了未下，皆
是脫落無孔。若如是，則一槌即是仙陀婆也。既是恁麼
人，是列聖一叢仙陀客也。是故，「法王法如是」也。
使得十二時，是索仙陀婆也。被十二時使，是索仙陀婆
也。當索拳頭，奉拳頭！當索拂子，奉拂子！

然而，雪竇重顯所說的，若一槌如渾身無孔（指緣起
法不落入分別），則下了、未下，皆是脫落無孔（了知而
不起分別意思）。若如是，則一槌即是仙陀婆（當下了知）。
既是恁麼人（覺識有情），**是列聖一叢仙陀客**（能了知者）。
所以，是「法王法如是」（即這公案現成的「一槌」就是
法王法）。這「一槌」使得十二時，是索仙陀婆。被十二
時使，是索仙陀婆。當索拳頭，奉拳頭！當索拂子，奉拂
子（即了知依真如法位緣起法相）！

然則，今大宋國之諸山稱長老者，全都夢也未見仙陀婆也。苦哉！苦哉！祖道陵夷！苦學不怠，則佛祖命脈當嗣續也。比如云如何是佛，道取即心是佛。其宗旨如何？此非仙陀婆乎？言即心是佛者，此謂誰耶？當審細參究！誰知仙陀婆，築著瞌著？

然而，今大宋國的諸山稱長老者，全都夢也未見仙陀婆。苦哉！苦哉！祖道陵夷！苦學不怠，則佛祖命脈當嗣續。比如說「如何是佛」，就說是「即心是佛」。其意義如何？此非仙陀婆嗎？說即心是佛者，此是說誰的呢？當審細參究！知仙陀婆的是誰，是惺惺著、瞌睡著？

"

【11】
生　死

"

> 生死之中有佛，則無生死。又云：生死之中無佛，則不
> 迷生死。此是夾山、定山二禪師之語也。既是得道人之
> 語，定不虛設。欲離生死之人，當明此旨。若人於生死
> 之外求佛，則如北轅向越，南面看北斗。愈聚生死之因，
> 更失解脫之道。但解生死即涅槃，無生死可厭，無涅槃
> 可願。是時始有脫離生死之分。

「生死之中有佛（指能緣起萬法的佛性覺識），則無
生死。又說：生死之中無佛（指有情業識非佛），則不迷
生死。」此是夾山、定山二禪師的法語。（《聯燈會要》
卷四　大梅法常章）既是得道人的法語，必定不虛設。欲
離生死的人，當明此旨（即眾生的有情業識是虛妄不實
的）。若人於生死之外求佛（指有真實的有情識性），則
如北轅向越，南面看北斗。是愈聚生死的因，是更失解脫

的道。但解生死即涅槃，無生死可厭棄，無涅槃可欣願。此時始才有脫離生死的分。

> 以為由生至死者，是錯也。生是一時之位，既有先有後。所以，佛法之中，生即謂不生。滅亦是一時之位，亦有先有後。由此，滅即云不滅。謂生時，生外無物；謂滅時，滅外無物。是故，生來但生，滅來使向滅。無厭無願。

以為人是由生至死，這是錯的。生是一時的位，既有先的生法，又有後的生法。所以，佛法之中，生即說是不生。滅亦是一時的法位，亦有先的滅法，又有後的滅法。由此，滅即說是不滅（即識性是依真如法位緣起時，故有生的法位，亦有滅的法位。而這是緣法住法位的真如法而有，但識性無生滅）。稱生時，生外無物；稱滅時，滅外無物（即只是緣起法相的變化，無實法）。所以，生來但生，滅來使向滅。無厭棄無欣願。

> 此生死者，即佛之禦命也。若厭棄之，則喪佛之禦命也。滯留于此而著於生死，亦是喪佛之禦命也，執著于佛祖也。無厭無慕，是時始在佛心。但不可以心量，不可用語道。但將吾身吾心放忘，拋向佛家，由佛行之，從其

而行時，不著力，不費心，離生死而成佛。誰人可著心哉？

此生死，即是佛的禦駕正命（即是識性緣真如法恁麼起萬法的功德）。若厭棄覺識，則喪失識性的緣起法功德。滯留於此（即落入三界眾生業識）而著於生死，亦是喪失佛（真如覺性）的禦駕正命，是執著於佛祖（即有情業識）。無厭棄無欣慕（不落入能所二元性），是時始在佛心（即佛性與識性的一如）。但這是語言道斷，心行滅處。但將吾身吾心放忘，拋向佛家，由佛行之（即以一元性心法一如的行履），從其而行時，不著力，不費心，離生死而成佛。誰人可著心呢？

成佛有最易之道。莫作諸惡，無有執著生死之心，為一切眾生甚深哀憫，敬上憐下，不厭萬事，不有所盼，心無所思，亦無憂慮，是名為佛，莫更向外求。

成佛有最容易的道路。莫作諸惡，無有執著生死的心，為一切眾生甚深哀憫，敬上憐下，不厭萬事，不有所盼，心無所思，亦無憂慮，是名為佛，莫更向外求。

參考資料

● 道元（2003）。《正法眼藏》。何燕生譯註。北京：

宗教文化出版社。2003 年 11 月。ISBN 7-80123-557-6/

B*178。

第三篇

印度生死書

　　《印度生死書：四部奧義書義疏》涵蓋印度四部古老的《奧義書》，這四部《奧義書》最初屬於吠檀多典籍，是軸心時代珍貴的經典之一。裡面的**梵**相等於佛法中的佛性，佛性創造了六大真如，即地水火風空識。前五大創造物、境的真如法，識大創造眾生的有情識。《奧義書》的核心思想可概括為「**梵我一如**」論：宇宙萬有的本質等同於個體內在深處的我。根據印度教的基本教義，印度教認為作為世間主宰的「梵」和個體靈魂的「我」在本質上是統一的，親自證悟「梵我一如」即是解脫。「一如」表示等同、無差別，也被稱為不二一元論。所有的萬物依循一定順序發生，人類及其他生物的靈魂則因**業力**而經歷各種

形式的**輪迴**。透過覺悟「梵我一如」的根本真理，可以消滅業力，從而擺脫再生的痛苦，從輪迴中解脫，即是人生的最高目的。透過客觀的探索宇宙本質的途徑，我們可以理解梵是宇宙的根本，而透過主觀的探索個人內在本質的途徑，我們則發現真我。根據「梵我一如」的理論，大梵和真我是同一的，因此，我們與萬物擁有相同的本質。有一些學者認為，雖然外在的梵（真如）普遍而無限，但可能缺乏精神性和確定性；相反，內在精神性的我（有情識）雖然具有確定性，卻似乎受到其他因素（業力）的限制，並非無限而普及。梵與我同一的概念解決了這個問題。要記住的是，在吠檀多哲學裡，沒有二元性創造的概念，即沒有事物是相對的從無到有的創造這回事。書的譯文中所用的「創造」是一元性的──即是禪宗所說的「恁麼」（見《正法眼藏·恁麼》）。從這些《奧義書》的理論與說法，可以發現都是佛教理論發展的基礎，尤其是《唯識學》的內涵。因為這理論同樣是探討生命存在的基本運作，所以本章節也將用唯識學的理論來解釋各篇的內容。

"

【12】
伊薩奧義書

"

　　「此」現象界萬法，只是依「彼」真如（梵）緣起的投影，是「彼」有故「此」有。但梵（佛性）創造而有的真如法「彼」是法住法位的，是恆常不變的，是若「此」萬法無，然而「彼」是不變的。因梵真如「彼」是無限的，故緣起的現象界萬法也是無限的。

> 1. 在這無常之世，一切都處於變化之中。但是萬物被神（梵）所充滿。踐行棄絕和對真我的強烈覺知。勿追逐他人之財富。

　　現象界萬法是處於生住異滅不斷變化的，但這變異的萬法是依於不變的真如梵，是萬法中有不變的、神（梵）所創造的有情真如識，是自己的本來面目（真我）。有一條「古仙人之道」是可以達到這永恆之境的，就是：**踐行棄絕和對真我的強烈覺知。**

2. 梵是唯一者，它從沒移動分毫，卻比心念還迅速；它
雖在前方，而諸根卻無法觸及；它安然肅立，卻所向
披靡。藉它之力，空界的天神支撐著眾水，也支撐著
現象界之萬有。

梵是創造六大「有」的真如法、是一元性，且法住法
位，而心念（有情識）緣真如法位起萬相二元分別時，一
元性無分別的真如法總是先行在前，故比心念還迅速。身
體的諸根識（六根也叫做眾天神），是支撐著有情識（眾
水）緣真如法而起現象界的萬相，但有情識也是梵創造而
有的。

3. 梵是動，梵是不動；梵是遠，梵也是近。梵既在事物
的裡面，梵也在事物的外面。

4. 一個人若在他自身之內看到萬物，而且萬物之中也看
到自身，那麼，他對任何事物皆不起憎恨。

有情識與真如法都是梵創造而有，都是一元性的無分
別。只在有情識緣真如法起二元性分別法相時，才會有動、
不動，遠、近等分別。有情識若能自證一元性的存在，那

麼他將擁有一元性**物我一如**的特質：慈、悲、喜、捨。

> 5. 一個人一但知道自己即是萬物，並明白了萬物皆為一
> 體。對任何事物，他又如何能生出憎恨和貪求之情？

　　處一元性有情的特質是「愛人如己」、是「盡界是我」。
對周遭一體的覺受，使其有「**擁有超過自己所需的資源是
一種罪惡**」的自覺與自制。這也是耶穌基督只提出一條新
約「愛人如己」，基督徒就可以不遵循舊律法，也不用擔
心犯罪的原因。

> 6. 那些機械而無知的行祭者將會墮入黑暗的世界，如同
> 盲人；但是那些只崇拜男神和女神的人則會落進更深
> 的黑暗。

　　有情眾生如果只是因第六意識分別的無明，但能依循
律法祭儀，而依著五根識緣起的分別法相運作，則雖造黑
業，仍不至於執著陷入二元性的造作得惡業果報。但若因
意識的無明執著，在意識追逐天道（即有所得的善業果報）
的二元性分別境界，將更不易有解脫之日。因意根造的黑
業更難淨化。

7. 有學問的人說：「無知」的道路（即指實踐祭儀）和「知識」的道路（即指崇拜男神和女神）會結出不同的果子。智者也證實了這一點。

有世間知識的人知道，「無意識分別」的二元性造作（即指依循律法，實踐祭儀的不造惡業）和「有意識分別」（即有所得的造作善業果報）的二元性造作，是會有不同的果報的。而能親證一元性出世間智慧的智者也證實這一點。

12. 那些崇拜非顯現者（因果界）的人，將會墮入黑暗的界面，如同盲人；但是那些只是崇拜顯現者（現象界）的人則會落進更深的黑暗。

13. 有學問的人說：崇拜顯現者和崇拜非顯現者會結出不同的果子。智者也證實了這一點。

崇拜非顯現者（因果界）的人，即是依著五根識深信一元性的律法規範將不造惡業，但因意識的無知如同盲人；而崇拜顯現者（現象界）的人，則因意識的執著有所得二元性的分別法相，會落進更深的黑暗。

15. 真理的臉孔隱藏於金色的圓盤之後，哦，太陽啊，世上萬物與生命的基座，請移開圓盤，好讓我這真理的尋索者可以看清它真正的面容。

16. 哦，至高的養育者，獨一的漫遊者，萬民的嚮導！哦，太陽，生主之子，請聚集你的光芒，收回你的光輝，我要看清你最美的形象。那原人就在你裡面。我就是那原人！

太陽（金色的圓盤）滋養著世間萬物，這是人所能見到世間萬物蓬勃發生的源頭。但這金色圓盤的背後隱藏著真理（梵），這是世間人所不能見到的。六塵世間萬物所顯的光芒是能抓住我們六根，使我們著迷於萬象。梵創造的有情識（原人）和物境真如法（原質）是世間萬法緣起所依的，是隱藏於世間萬象之後。只有自證知物我一如的一元性時，才知道「我就是那原人」。

18. 哦，火神啊，為了讓那好是臨到我們，請引我們入彼善道，哦，火神啊，你知道我所有之所思和所有之所行。請將那邪惡從我們裡面移走，我們要給你獻上至高的禮敬。

　　這伊薩奧義書的主要教導，是自證「梵我一如」的一元性存在，是有情識終極證入真如性海。而有情識的一切努力就是朝著這目標。而這努力的方式是以不斷的二元性的做善道業（即遵守律法，做接近一元性的作業）。這也是七佛通戒偈所說的：「諸惡莫作，眾善奉行，自淨其意，是諸佛教」。

【13】
白騾氏奧義書（一）

1.3 聖者們進入深度的冥想，並看見光芒四射的宇宙大我作為世界肇因之權能。摩耶（與摩耶之三德）將阿特曼隱藏在宇宙的背後。阿特曼，這獨一者，掌控著前面涉及的所有因素，包括原人（個體自我）與時間。

梵的幻力，稱作摩耶。這裡是指梵創造的有情識（阿特曼、個體自我），緣真如法起萬法時，會有識與心所法的三能識變而展現三種特質：薩埵（喜德：使心光明、輕快與歡喜）、羅闍（憒德：使心活耀、散亂與躁動）和答摩（暗德：使心遲鈍、無力與昏暗）。而有情識（阿特曼）緣起法相時，當下即具「有（自我主體）」、「時（時間）」「界（空間）」一體。

1.4 摩耶是（宇宙之輪的）普遍情境，它隱藏在三德（薩埵、羅闍和答摩）之後。它有十六個要素（心智、五大、五個感覺器官、五個行動器官），由（自摩耶的錯謬與遮蔽中出現的）五十輻與二十楔所支撐，被六類八支所贊助。它們代表著不同形式的束縛，有三種趨往（道德、反道德與知識）。依附（於感官）則是綑綁（於苦樂）之源。讓我們冥想宇宙之輪。

有情識的三能變（阿賴耶識的異熟能變、末那識的思量能變、六根識的分別能變）包括了十六個要素：心智（白淨識）、五大（地水火風空的異熟種子）、五個感覺器官（眼耳鼻舌身）、五個行動器官（嘴巴、雙手、雙足、及排泄與生殖器官）。這十六個要素構成了「宇宙之輪」（即緣起世間萬相的轉輪）。由於摩耶的錯謬（即有情識的五上分結：色愛、無色愛、掉舉、慢、無明，與五下分結：貪、瞋、癡、慢、疑，而落入二元性法相分別的執取），就造作身口意等善惡諸業。

1.5 五個感覺器官猶如一條大河上的五支湍流，五大持
續刺激它，使諸流越發詭譎而有力。五個行動器官
猶如河流上的波浪。而心念則是感知與行動的源頭。
聲色諸境是其逆流，五種煩惱是其猛浪。這條河流
有五種情狀，又分為五十條支流。我們必須謹記，
心念乃是所有感知的根，即我們所謂的世界之根。

　　有情識的五根（眼耳鼻舌身）識執取五大所造五塵（色
生香味觸），匯入第六分別意識的心王，再指揮有情眾生
造身口意業。第六意識（心念）就是感知與行動的源頭。
五種煩惱是五種苦：入胎、生、老、病、死。五種情狀是
五種束縛：無明、我見、執著、憎恨、貪愛。第六意識與
五十二心所法共起，造作業力。

1.6 只要個體自我以為自己與宇宙自我分離，他必繼續循
行在宇宙之輪裡面（在神靈的主宰下，經歷生命之無
常榮枯）。惟其蒙受神的恩典，他才會獲得最終的自
由，亦即，惟其親證到與宇宙自我的合一之境時。換
言之，他必須以某種方式變成與宇宙自我一體不二。
如果他受宇宙之主吸引，這一切將會發生。

　　有情識的運作如果還是落在二元性的意識分別，將
因繼續造身口意的業而輪迴。只有當有情識能親證一元性
的緣起，才能與宇宙自我合一（「物我一如」、「梵我一
如」）。這種一元性的合一，使有情識任運於依真如法的
緣起，將不再造業。

> 1.7 吠檀多言說著至高的梵。此梵含攝三者：享受者、
> 享受的對象與掌控者。它維繫著整個宇宙，它永不
> 朽壞。那些人一旦認識梵，他就會認識到梵——亦
> 即自我——不同於肉體。認識到梵是萬有的本質存
> 在。最後，他們溶入了梵，不再受制於生死。

　　梵（佛性）的展現包含了：佛性創造的識性真如（掌
控者、神性、有情的白淨識）、依無情物、境真如法所緣
起的萬法（享受的對象）、有情眾生肉體（享受者）。有
情識在自證「物我一如」的當下，即認得本來面目是不同
於肉體。而這一元性的運作將使有情識與梵（佛性）合一，
不再迷於緣起法相的虛妄生滅。

> 1.8 可朽與不可朽、顯相與非顯相，二者彼此結合，神

是它們的支撐。實則，神支撐著整個宇宙。個體自我若感知自己為享受者，不能親證自身的神聖性，則其結果便是恆處束縛之中。但是，這同一位個體自我，一旦認識自身就是梵，他變得以解脫。

緣起法的現象界是可朽、顯相，而真如法界是不可朽、非顯相，兩者合一是有情的白淨識（神性）的支撐。也就是說，有情識依無情物、境真如法而緣起世間萬法。若有情識落入識轉變而成二元性的享受者，不能親證自身的白淨識（神性），則是在煩惱結的造業輪迴束縛中。

1.9 全知的神與無知的個體皆是非生。為了個體自我，原質便造出其享受對象。宇宙自我是無限的，因此它是恆在的目擊者。享受者、享受對象與享受，亦即個體自我、原質、宇宙自我三者，與梵乃是一體。當一個人親證這一點，他便獲致解脫。

佛性創造的白淨識（全知的神）與經識轉變的有情識（無知的個體），這兩者都非肉體，不因肉體的毀壞而死，故是非生。無情物、境真如法（原質）因有情識（個體自我）所緣，而顯現世間法相（享受對象），這都是真如白

淨識（宇宙自我）的功德。享受者（個體自我、有情識）、
享受對象（依原質真如法所顯的世間法相）與享受（法的
公案現成、物我一如的當下），三者與梵（佛性）乃是一體。

1.10 現象界是短暫不居的，而（摧毀無明的）宇宙自我
乃是不死，永無朽壞之日。這一位神聖者既掌控現
象世界，也掌控個體自我。若是你冥想此宇宙自
我，藉著這種連接你最終將會親證到與它的一體
性。當這一切發生——即宇宙的幻覺對你終止時
——你就得以解脫。

有情識緣起的現象界是變動、短暫的，而有情真如白
淨識乃是不死，永無朽壞之日。梵創造的有情白淨識，因
業力染污識轉變為有情識（個體自我），而有情識依原質
真如法緣起而有現象世界。經由冥想淨化自己的有情識為
白淨，不落入二元性的轉識，終將會親證到與物我一如的
一體性。要記住的是，在吠檀多哲學裡，沒有二元性創造
的概念，即沒有事物是相對的從無到有的創造這回事。書
的譯文中所用的「創造」是一元性的——即是禪宗所說的
「恁麼」。

1.11 當你親證了你與宇宙自我的一體性，你便從因無明而來的種種鐐銬中解脫，從此不再受制於生死輪迴。但是，假如你持續冥想宇宙自我，死後便抵入第三個狀態，即天神的席位——換言之，你與大自在天合為一體，你會獲得你想要的一切，你將全然滿足。然後，你臻達解脫。（就這樣，一步又一步，你會抵達最終的目標。）

有情眾生若能依冥想自證「心物合一、梵我一如」的一體性，將有智慧於一元性的思維行儀，就不再造身口意業，從此不再受制於生死輪迴。但在深層的識體中仍有業報的習氣種子，只能透過持續禪定，經歷四禪天的淨化，然後臻達解脫。

1.13 木是火的來源，唯有當你彼此摩擦兩塊木片，你才能看到這個火焰。但是，即便你沒有看到，火焰仍然隱藏在木片的裡面。同理，自我恆居我們裡面，我們唯在曼陀羅——即複誦唵音——的幫助下才能親證它。

　　曼陀羅一詞的意思可以解釋為「獲得本質」或「具有本質之物」（在修法上可稱作壇城、道場，相當於禪宗的「參話頭」）。這裡提供一個親證自我的方法，就是複誦「唵」音。當親證心法一如的當下，你會融入**「唵音就是我」**的自覺中。這古老的法門，以「唵」音當「話頭」參，正是佛法所說的——「此方真教體，清淨在音聞」。

> 1.15 壓榨芝麻你就得到麻油，攪拌凝乳你就得到酥油，深挖河床你就得到水源，摩擦木片你則取得火焰。同樣道理，持續冥想宇宙自我，你就能夠親證你的自我就是宇宙大我。

　　這裡《奧義書》強調的是「精進」、「不放逸」，如《大悲經》第四卷：「比丘勤修方便，慎莫放逸。諸佛世尊以不放逸故，得阿耨多羅三藐三菩提」。

> 1.16 正如酥油遍在於年乳，同樣，自我也充滿萬有。我們唯有過自制的生活，而且不斷的沉思它，才能夠認識自我。根據奧義書的教導，自我乃是至高者。

　　這宇宙自我的「自我充滿萬有」，正是《涅槃經》說的：

163

「我常宣說一切眾生悉有佛性，乃至一闡提等亦有佛性，一闡提等無有善法，佛性亦善，以未來有故，一闡提等悉有佛性，何以故？一闡提等，定當得成阿耨多羅三藐三菩提故。」

3.2 因為樓陀羅的存在，知梵者無需認知其他諸神。樓陀羅乃是藉著它自身的力量掌控諸界，它是眾生最內在的實相。它創造了宇宙，並且維繫宇宙。最終，也是由它來摧毀宇宙。

樓陀羅——詞意是「令吾悲痛」，因為它是**毀滅者**（此《奧義書》用作梵的另一名稱）。當自證知梵（即達梵我一如）時，即知梵的偉大運作實相，世間宇宙萬象因它有生滅，但它如如不動。它對世間宇宙萬象的創造與毀滅，是依「此有故彼有，此無但彼不變」的法則。

3.4 它是眾神的源頭，也是眾神強盛的堡壘。它是樓陀羅，宇宙之主。它是全知者。是它在創世之初造出了（首現者）「金胎」——可能還是它給了我們純潔的智慧。

　　眾神是世間有情，也是梵創造而有的真如有情識，所以，眾神是依梵而有神力功德。「金胎」（有情白淨識），就是它最初創造的，所以有情識的覺知與分別能力是因梵而有。

3.8 聖者云：「我已經認識這個偉大的實相。它超越無明，猶如太陽般放光。一位靈性追索者若是認識這個自我，他就超越生死。此外，再無別的路途能夠臻至斯境。」

　　有情識眾生解脫生死的唯一途徑──親證梵我一如，才能依於真如法界的超越生死。

3.11 萬有之臉、頭、頸都是它的臉、頭、頸。它居住在眾生的內心，卻又遍及一切，充滿宇宙。它是神，所以它臨在萬有。這個自我是善的源頭。

　　這就是龐蘊居士問靈照禪師說：「古人說『明明百草頭，明明祖師意』？」的真意。世間萬有的一切，都是梵的顯相。而「盡界是我」的物我一如緣起法界，也是善的源頭。所以耶穌基督單以一條新約「愛人如己」，就可以

165

使依此約定的有情成為上帝的子民、義人。

> 3.12 這至偉的存在遍及一切，它是全能者。也是它激勵
> 眾生之心臻抵純潔的（梵知）狀態。它是至尊之主，
> 自我照耀，恆常如是。

有情識自證「梵我合一」時，是處純潔的淨樂（梵知）
狀態（即三禪的五支：捨、念、樂、慧、一心）。這一元
性的平等性智慧，是眾生有情識的菩提心因子。

> 3.13 它細微如拇指，卻龐大若宇宙。作為萬物最本質的
> 存在，它居住在萬物的心中。它是知識的根源，它
> 藉著起伏不定的心念顯現自己，惟其內心潔淨，才
> 能做出正確決定。誰領會這一點，誰就臻入不朽之
> 域。

這裡個體自我（即欲界人道的中陰有情識身）依《奧
義書》所說，是細如拇指（從物質面看，可能指人的腦解
剖位置——橋腦與延腦的生命中樞；從非物質面看，《顯
揚聖教論》說：「有情命終後。或者有中陰，就是將出生
有色界的。或者沒有中陰，就是將出生無色界的。」）作

為本質的梵，存在於萬有的有情眾生與無情萬法之中。除了物質層面的宇宙萬有是梵創造的，精神層面的覺知「梵知」也是梵的功德力。但有情眾生依著識心的二元分別就會落入煩惱與謬誤，只有內心潔淨，依著「梵知」（即一元性的菩提心智），才能做出正確決定。

3.15 過去、未來，以及現在，所有的一切都歸於原人。
　　　它是不朽之主人。

　　時間相是有情眾生依真如法緣起萬相，落入二元分別的產物。原人（個體自我）是梵創造的有情眾生，再由原人依梵創造的真如法緣起世間萬法，而這緣起是一元性的無時間相，即過去、未來，以及現在是合一的。

3.17 雖然它並無感覺器官，卻是它驅動所有的感官工作。它是所有人的主人與掌控者，它是萬有的偉大支撐者。

　　有情識的演化成六根、六根識及的七、八識，都是依著梵的功德而運作。

3.18 宇宙自我主宰著整個世界，以及所有的動物與不動

之物。這個宇宙自我變成個體自我時，就呈現為一個帶著九扇門的身體。然後，涉入了外部世界。

宇宙自我（梵）創造了有情識的眾生（原人），也創造了無情的萬法（原質）。原人（個體自我、有情識）就以他的身體的九扇門（指人類的雙眼、雙耳、雙鼻孔與嘴巴、生殖孔、排泄孔），感知外部世界。

【14】
白騾氏奧義書（二）

> 4.1 梵是獨一者。起初，它毫無分別，出於未知之因，它在諸界創造了多。當宇宙終結時，所有的多又融入了它。願此自照之主賜給我們潔淨的心靈。

　　《奧義書》是較早的聖者經驗言集，是再經近千年的發展後才出現唯識理論的，所以奧義書的心識轉換的層次說明較模糊。依唯識學，梵（佛性）是一切的源頭，梵經由「恁麼」（即創造義，這是佛法的「未知之因」）而有原質五大真如法與識大的有情識，再由眾生的有情識依原質（物、境）真如緣起世間萬法的「多」。但這最初的影像在有情識是潔淨的心靈、是毫無分別、是一元性的，是「銀缽盛雪，明月藏鷺；類之弗齊，混則知處」的有差別而無分別覺知境地。

> 4.5 原質創造出無數與其相似的造物。它們是紅色、白色與黑色。困於無明的個體被這個感官世界所迷惑，也享受該世界。然而，另亦有個體智慧、超然，從其原初經驗，他知道感官世界的無常本性，故此，他棄絕之。

梵創造了原質（真如法），有情眾生的六轉識，因無明業力而依著原質而有二元分別的差異法相，如一境四心。但梵創造的宇宙自我（有情白淨識）是一元性的，不落入六轉識二元分別的感官世界所迷惑。

> 4.6 有兩隻鳥，密切相關，十分相像，它們立在同一棵樹上（指個體自我與宇宙自我同居一個身體之內）。一隻鳥吃著成熟的果子（指個體自我的受業報）；然而，另外一隻則沒有任何果實。它僅僅像一個旁觀者在目擊（指宇宙自我之無為）。

「個體自我」是有情眾生的三轉識，「宇宙自我」是有情眾生的白淨識。「個體自我」是在二元性分別的境地，故會因無明造心口意的業，而有業報的果實。「宇宙自我」是一元性無分別境地，不再落入無明而造業，故沒有果報。

「個體自我」其實本質是「宇宙自我」，只是因無明發生識轉變，而對緣起法相起二元性分別。若「個體自我」能潔淨心靈，當識轉變的煩惱不再生起，「個體自我」就會自證本質是「宇宙自我」。

> 4.8 梵猶如虛空，恆常不變。諸吠陀經典正是基於它。諸神之最善者最居住在它那裡。倘若有人僅是行吠陀儀軌與祭祀，而對梵毫無認知，那又有何益？相反，那些知梵者，活在如是之信念中：我與梵乃是一。

這裡強調如果只是依著有二元分別的方式遵循宗教的律儀與祭祀，並沒有助益的。重要的是要達「梵我合一」，而處於一元性的存在。這一元性的存在，才是眾善的源頭。

> 4.10 （原質，即世界受造的質料）應知原質就是摩耶，還應知摩耶之主乃是大自在天（即梵）。整個宇宙就是大自在天的身體。

原質，即是梵所創造的（物、境）真如法（即是「有相之梵」），是有情識緣起一切世間萬法所依的，就是摩

耶。而緣起的宇宙萬象，就是依著摩耶的幻力（業力）而有。梵（佛性）是一切的源頭，也是獨一的。因梵創造有情識眾生與原質真如法界，故它是「萬有的子宮」。有情識緣真如法顯現宇宙萬相，此是「此有故彼有，此無而彼不變」的緣起變化，但本質的梵不因此疊加的變化而有生滅變動。當個體自我親證宇宙自我的「梵我合一」，就處於不受擾動的平靜中。

> 4.12 它是所有神靈及其權力的根源。它的名字叫樓陀羅。它是宇宙之主，在這宇宙，它有看明萬有的能力。它看到金胎的誕生。願樓陀羅恆賜我們以善解之力。

> 4.13 它掌管諸神，擎起諸界。它操控著人類，也操控著眾生。它是梵，絕對的喜樂。我們以黃油為獻祭，作為對它的禮敬。

樓陀羅——詞意是「令吾悲痛」，因為它是毀滅者（此《奧義書》用作梵的另一名稱）。親證「梵我合一」就能覺知梵是絕對的喜樂（即三禪的五支：捨、念、樂、慧、

一心，的「樂」支一元性充滿。「絕對」即是一元性）。
當時的黃油是上等的祭品。

> 4.16 黃油的表面有一層精細的乳沫，其精細如同我們的
> 神。它是世上唯一的權威，以個人之所行，決定個
> 人之所受。它隱藏於每一個存在。它是仁慈的濕
> 婆。你若是知道了此位神，你就從一切束縛解脫。

黃油煮沸時，其上面會升起一層細細霧狀的膜，那就
是「乳沫」。人們發現這藏於黃油的乳沫，其品質比黃油
更好。梵就像是藏於萬有中的乳沫，當自我能親證這種「梵
我合一」，就有此一元性的智慧，能了知此境地慈、悲、喜、
捨的平等性智慧。

> 4.17 宇宙自我乃是這個世界的造物主。它是偉大的自
> 我，它藏在萬有之心。那些認識這個自我者臻至不
> 朽。

宇宙自我（梵創造的有情白淨識）是由它來依著原質
真如法緣起世間萬法的，它是這個世界的造物主。宇宙萬
有的顯現，是有情識依著真如法緣起的。而這兩者——有

情識與原質真如法，都是梵所創造的，梵都是它們的本質。

> 4.18　那時既無無明，亦無無明之果；既沒有白天，亦沒
> 有黑夜；既非存在，亦非非存在；存在的唯是梵，
> 絕對的不變與絕對的喜樂。甚至連主宰太陽及其行
> 星的神明也要向它禮敬。人們如此珍愛之智慧（梵
> 知）從此梵裡面汩汩湧出。

　　梵是絕對的存在，是超越既非存在，亦非非存在。當
梵創造宇宙原人自我與原質真如法時，是絕對（一元性）
的存在，是不存有二元性意義。在一元性中，無二元性四
相（無我相、無人相、無眾生相、無壽者相）分別，故不
會因這無明之因而造業，也就不會有造業的果報。梵的絕
對存在，是一元性的時間、空間與覺知；是絕對的不變、
絕對的圓滿與絕對的喜樂。所有存在的星體、眾神，還有
神類，都是它的創造物，都是被它所充滿。而這些創造物
的功德力，如萬物的堅、濕、暖、動，如眾神的神通、變化。
如人類的智慧、工巧，都是梵所賦予的。

　　梵充滿於萬物，這是一元性的「梵我一如」，與萬物
無法分別。這超越人們意識分別，是「言語道斷，心行滅

處」，是「它即其所是」的「梵我一如、梵物一如」。宇宙自我的「梵我一如」，既然是「言語道斷，心行滅處」，那它也就只能透過親證來認識。這一條趨向一元性的存在之路，是要以帶著深度的覺知（明辨的智慧），及捨棄二元性煩惱分別的六塵，經過不斷的精進、努力，淨化心智而達成的。

> 4.22 哦，樓陀羅，切勿生我們的氣，甚至在我們暮色蒼茫，壽過百歲，也請勿傷害我們，以及我們的子孫。不要傷害我們的牛群與馬群，不要傷害我們勇猛的僕人。祭物在手，我們相你禮敬，尋求你的護佑。

由於「樓陀羅」所顯的是令吾悲痛的「毀滅者」，**它時時提醒著人們的存在是二元性的，是生滅變化的。人們應在這「樓陀羅」的警惕（護佑）下，深刻覺知在世上所擁有的子孫、僕人、牛群與馬群、土地，也都不是永恆的。只有尋求一元性的「梵我合一」，才能達永恆之境。**

> 6.1 關於宇宙的誕生，有些學者聲稱是出於自然，其言頗謬。還有人則以為是時間的創造，它們也是錯誤。

實際上，是梵的大能顯現為這個宇宙的巨輪。

對於存在的意義，如果是落入了二元性（能知、所知）的認識，都將是謬誤。而這種謬誤，只有在自己的心靈親證這存在源頭的一元性時，他才真正的有智慧知道他與所有的存在都是它（梵）所顯的。

6.2 這位至尊的主人永遠含攝整個世界。它是唯一的智者，它是全知者。是它創造了時間。它是純粹的。它念頭一動，地、水、火、風、空五大元素就作為它的作品，自它裡面湧現出來。此須細加思量。

6.3 這位主人完成了自己對宇宙的創造，然後就審視之。復次，它又把一、二、三，或原質的八種粗糙元素，再加上時間與心靈的精微屬性，全部加以融合。

梵創造了金胎（是一切有情識的源頭，即第六大的有情白淨識），同時也賦予明的知識力量（覺知的智慧），它是全知者。梵也創造了五大（地水火風空），並以五大元素就作為材料構成原質真如法（無知）界。而金胎與真

如法都是梵所創造、所掌控的。眾生的有情識，依法住法位的原質真如法緣起，而有現象界的萬法。在緣起萬法時都會因一元性的覺知，而有「梵即是我」、「物我一如」、「性相一如」的親證。在這親證一元性的存在境地，即是道元禪師所說的：「排列『我』而為盡界」、是「自己的為『時』的道理」。（眾生的有情識心緣起法相一元性的當下，「有」〔我相〕、「時」〔時間相〕、「界」〔空間相〕是一體的。）

6.4 當人們在世上勞作，他的行為皆處於三德的框架之內。換言之，他必須考慮生命的方向與目標：如果目標不是指向他自己，而是指向神，那麼其所行的諸多事端，都不會構成我執之因，宛似他並沒有做任何一件事情一樣。於是他變成了一個全新的人，不再身處無明。

當有情白淨識因內在的業力種子異熟，發生識轉變而落入三德的框架，就會降生（即依原質緣起法落在）三界中，而有二元性的四相（我相、人相、眾生相、壽者相）分別。在這三界的緣起，因有「我相」，故會在身語意諸

行造業。如果目標不是指向二元性的他自己（「我相」），而是指向一元性的神（「梵我一如」、「物我一如」，**大我**），那麼其所行的諸多事端，都不會構成我執之因，宛似他並沒有做任何一件事情一樣。

> 6.5 它是第一因。因為無明，我們一次又一次地陷入輪迴，而它還是無明的源頭。它超越過去、現在與未來。它並非部分之總和，但它卻是獨一之全部。原因是它，結果也是它。它是真正的崇拜對象。以它為你的自我來冥想它。當你如是冥想，你將會臻入解脫之境。

梵創造了金胎（是一切有情識的源頭），這是「第一因」。這「第一因」因為內在的業力種子異熟，而起了無明，有了二元分別的緣起萬法。所以當眾生能潔淨自心、冥想，親證那一元性的「梵我一如」，就有了明性的一元性「物我一如」的平等智慧。

> 6.6 宇宙與時間皆如巨樹般。神超越於兩者。世界在它那裏來來往往、此起彼伏。它支持正義，摧毀邪惡，

是所有的偉大與美善的根源。它也是宇宙的支柱。
它就是永恆，是萬有最內在的自我。你若是親證它
為你的自我（，你就臻入自由與解脫）。

存在的「有」（我相）和「時」（時間相）都是一元
性的瀰漫盡界，而這都是梵所創造。眾生有情識依著真如
法緣起，故現象界的世界萬象在它那裏來來往往，依著「此
有故彼有，此無而彼不變」。在這一元性裡，是「盡界是我」
的平等智慧，是「慈悲喜捨」的無量心地，是所有的偉大
與美善的根源。

6.9 此世沒有誰是它的主人，沒有誰能統治它。它也不
　　存在任何可以辨認的形相。它是眾有之因。吉瓦是
　　諸根之主，它又是吉瓦之主。它既無父母，亦無誰
　　是它的主宰。

6.10 猶如蜘蛛，將自己深藏於蛛網；同樣地，雖然它是
　　獨一無二的主，也將自己輕鬆地隱藏在摩耶的蛛絲
　　般的投射之中，諸如姓名、形相、行動等。願它多
　　有慈悲，使我們與梵合而為一。

　　吉瓦（個體自我，特別指能指揮五根識的心，即第六意識）是諸根之主，它（指梵創造了金胎——有情白淨識）又是吉瓦之主。而這現象的世界，就是有情識依原質真如法緣起的萬相。所以梵是一切存在與功用的源頭。梵隱藏在有情識中，並給予依真如法緣起的幻力，這幻力所緣起的世間萬象廣大、繁雜，諸如姓名、形相、行動等。

> 6.11 它是獨一無二的，然而它卻將自己隱藏於每一個存
> 　　 在。它是遍在者，是萬物的內在自我。它給一切存
> 　　 在以相應之羯磨果子，它是萬有之支柱。它是意識
> 　　 的賜予者。它沒有屬性，也沒有特徵。

　　梵創造了梵天（即金胎，一切有情識的源頭），而梵天再依羯磨果（業果、異熟種子）產生三轉識變而有三界有情眾生識。所以梵是遍在者，是意識的創造者，是萬物的內在自我。

> 6.12 它是獨一者，它掌控萬有，能令一粒種子結出無數
> 　　 子粒。（譬如，五元素生出如此浩瀚之宇宙）。智
> 　　 者明白這位主人就在他們自身裡面。凡有如是之親

證者恆處喜樂之境，而非他者。

梵創造了六大：地水火風空識，再依六大創造了有情識與原質（真如法）。而這是一元性的，也就是「梵我一如」、「梵物一如」。而這種一元性的喜樂之境，只有親證者知，無法言傳。（一般人自認是「一元論」，其實是「一神論」。他們也許相信一個終極的實在，同時又落入二元性的終極實在與自己有別。）

6.15 這個世界唯有它存在。身體非別的，而是水；它是藏在水裡面的火。正如火焰一般，它毀滅了內在的無明。如果你認識了它，你就征服了死亡，別無他途。

整個現象界正報、依報都是梵的投影，唯一真實的是它。眾生有情因無明業力而轉識有三界、六道的正報身，並依有情識中無明種子緣原質真如法，就有依報現象界萬法。當有情識親證「我即是梵」當下，虛幻的無明業力就消失。

6.16 它是世界的造物主，它了解宇宙的一切。它也是自

己的創造者，它無所不知。它也創造了時間。它是
無垢者、遍在者。它掌控無明與個體自我（或者陰
性原則與陽性原則）。它也是三德之主。它是存在
的源頭，也是（個體自我的）束縛與解脫的原因。

在創造存在「有」之前，是「言語道斷」，不能討論梵。
只有當創造物「有」出現，才知道這位主人的存在。這是
一元性的存在境地，即創造存在的當下，「有」（我相）、
「時」（時間相）、「界」（空間相）是一體的。這被創
造存在的「有」情識，因三德的幻力轉變有三（色、無色、
欲）界。所以，它是存在的源頭，也是（個體自我的）束
縛與解脫的原因。

6.19 它沒有形相，沒有行動；沒有執著，也沒有瞋恨。
它超越責難，毫無瑕疵。它是我們通往不朽的最好
橋梁。又如無煙之火，在靜靜發光。

所有的身體都是它的身體，所有的行動都是它的行動。
所以它沒有執著，也沒有瞋恨，因為這兩種都落入二元性
分別，而它（梵天、有情白淨識）是無分別的。所以它超
越責難，毫無瑕疵。雖然現象界的緣起法是虛妄的，但在

一元性緣起當下，是有情白淨識依原質真如實相法緣起的，故它（梵天、有情白淨識）是我們通往不朽實相的最好橋梁。

> 6.21 白騾氏大仙藉著苦行之威力與天神之恩典，他獲得了自我知識。然後，白騾氏大仙把自己經驗到的知識，傳遞給了諸森林聖者。原初之世，仙人們（譬如薩納卡聖者）已經尋得了這種至高的知識。

> 6.23 他若是真正偉大的靈魂，對於這位主人與師尊已懷有穩定而虔誠的敬意。就把真理解釋給這樣的人，把奧秘毫無保留地顯示給他們。

《奧義書》所宣揚的智慧，在早於釋迦牟尼的時代，被以「**古仙人之道**」傳遞著。因為知識、學問和智力都是透過二元性的分別達成的，這種能力無法獲得一元性的智慧。但因為一元性是自我的本性，而走過這條路的智者知道，正確的走在這條路的條件是「潔淨的心靈」，是必須透過淨化身心、行為來達成。而這一元性的行為淨化，是與世俗的慾望二元性行為相反，「苦行」的棄絕世俗是必須的。所以這趨向一元性真理的智慧，只能將它傳給那些心念操控良好之人。

"

【15】
禿頂奧義書

"

1.1.1 在諸神之中，首先顯現的神就是梵天。他就是宇宙的創造者，也是宇宙的維繫者。梵知是一切知識之源頭。梵天將他傳給他自己的長子阿陀利溫。

諸「神」（有情識）是梵所創造的，而首先顯現的神就是梵天（即金胎，是一切有情識的源頭，即第六大的有情白淨識）。梵天的有情白淨識，因業力摩耶經三轉識，落入三德的框架而有三界眾生。三界有情識因摩耶幻力，依真如法緣起法相，而有正報身與依報宇宙世界。梵同時也賦予梵天一元性明的梵知力量（覺知的智慧），梵知是一切知識之源頭。阿陀利溫是聖者之中的第一位，所以他被喚作梵天的長子。

1.1.2 梵天已經把梵知傳給了阿陀利溫。在過去，阿陀

> 利溫又把它傳給了聖人鶩吉羅。而鶩吉羅又把它
> 傳給了持力仙人的後裔薩塔耶婆訶，薩塔耶婆訶
> 把從老師那裏得來的知識再傳給了他的學生鶩吉
> 羅莎。

梵知是由一位處一元性的聖者（即已經淨化有情識為白淨識，是轉無明成為明性的智者），傳授淨化的智慧給另一人的方式傳遞下來的——從父親到兒子，或從導師到門徒，就像是從一盞燈點燃另外一盞燈。

> 1.1.3　一位卓越的家居者蘇那迦，根據經典為尋求這種
> 知識所規定的方式，畢恭畢敬地來到了聖人鶩吉
> 羅莎那裡，他問道：「哦，尊者啊，一個人知道
> 了什麼，便可以知道一切？」

一位卓越的尋道「家居者」**蘇那迦**，雖仍陷在塵世二元性的無明分別煩惱中，但應是已經履行了他塵世的職責，並準備去釐清塵世間不斷生滅變化的煩惱，追尋一元性永恆真理的喜樂與智慧。

1.1.4 鴦吉羅莎對蘇那迦說：「那些已經獲得梵知的人
說過，存在兩種類型的知識——一類是關於梵，是
絕對的知；一類是關於塵界，是相對的知。」

處一元性智慧的聖者才知道：「存在兩種類型的知
識——一類是關於梵界，是明的、是一元平等性的、是絕
對的智慧；一類是關於塵界，是無明的、是二元性的、是
相對的知識。」

1.1.5 這兩類知識就被視為：塵知和靈知。前者包括了
黎俱吠陀、耶柔吠陀、薩摩吠陀、阿達婆吠陀、
語音學、禮儀學、語法學、語源學、音韻學，以
及天文學；而後者是這樣的，人們藉著它，便可
以認識梵，這個永恆的不滅者。

《黎俱吠陀》是四部《吠陀》中最為重要的一部作品，
是印度最古老的詩歌集之一。其內容涵蓋神話傳說、對自
然和社會現象的描繪與解釋，以及與祭祀相關的典故。這
部作品在印度文學史上具有極高的價值，被視為印度現存
最為重要、最古老的詩集之一。《耶柔吠陀》漢譯名稱為
「祭祀明論」，是四大吠陀經之第三部，專注於宗教儀式

中的禮拜和牲禮等內容。《薩摩吠陀》漢譯名稱為「讚頌明論」，是四大吠陀經之第二部，共分為兩卷，主要收錄了《梨俱吠陀》的頌詩。《阿達婆吠陀》漢譯名稱為「禳災明論」，是四大吠陀經的第四部，成書時間最晚。其中的神曲，是由《梨俱吠陀》咒語的部分發展出來，主題涵蓋神秘的巫術、吉凶咒語，並包含一些科學思想。古印度醫學即起源於此。

> 1.1.8 梵是通過心念之力將自己顯現出來。起初，創造的種子活躍起來；從這種子裡就誕生了布魯納，然後，從布魯納生出末那（意即宇宙心靈）。接下來，生出了諸元素，再就出現了諸世界。諸世界是因著諸業而來。只要有諸業，則必會有諸多業果。所以，諸多業果就以這種方式無窮無盡地展開，再無終結。

梵是通過心念之力將自己顯現出來。起初，梵天（即金胎，是一切有情識的源頭，即第六大的有情白淨識）因創造的業力種子活躍起來而有識的初異熟能變；從這種子裡就誕生了**布魯納**（意為氣息、呼吸、生命，即指有異熟

種子的**阿賴耶識**）。然後識再經次思量能變，從布魯納生出**末那**（意即宇宙心靈，即恆審思量的我執識，是具一元性的我痴、我見、我愛、我慢的四根本煩惱）。接下來末那識再經第三分別能變為六根（眼耳鼻舌身意）識。六根識緣原質真如法生出了諸元素與物質，再就出現了現象世界諸法相。所以諸世界是因著諸業而來。只要有諸業，則因異熟必會有諸多業果。

> 1.1.9　這梵是全知者，不但是宏觀的全知，也是微觀的全知。它的苦行就是知識——從這（上）梵，產生這（下）梵（金胎），再產生出一系列的名字、形相和食物。

　　梵是全知者，具有明性、一元性的無分別智慧（是無我相、無人相、無眾生相、無壽者相），而它的苦行就是依原質真如法緣起的萬法知識，是因無明而有二元性的分別法相（是有我相、人相、眾生相、壽者相）。所以這苦行（諸行是苦）是從這（上）梵，產生這一元性的（下）梵（金胎），再產生出六識二元性分別的一系列名字、形相和食物。

1.2.1　這是真理：智者看到頌詩（曼陀羅）中常常提及
　　　各種祭祀，在三吠陀（即黎俱、薩摩、耶柔）之
　　　中，這些祭祀又以各種方式被加以解釋。如果你
　　　要獲得你所欲求的，總是要參照這些文字來行祭，
　　　這是一條道路，它通往行善者所奔赴的世界。

　這裡《奧義書》說：依據吠陀的經文祭祀的行儀，是
一條可以通往行善者所奔赴天界的道路。因為這些曼陀羅
（頌詩）與祭祀的規範，就是律法的，是對仍陷在二元性
心行（尚未淨心）的凡人的規範。凡人只要遵守這些規範
就是善行，就能在此世的身口意行善業，這是通往天界的
道路。雖然可以達天界，但這仍是善惡分別的二元性境地，
你的二元性心地仍須受到律法的約束。

1.2.3　當一個人施行火祭時，（沒有嚴格遵照經文中的
　　　規定）而沒有輔助祭——新月祭、滿月祭、四月
　　　祭和收穫祭；或者沒有款待客人；或者在錯誤的
　　　時辰投放祭品；或者沒有供奉天神，等等。在所
　　　有這些不正確的行祭之例中，作為其結果，（對
　　　於他）七個世界將會被摧毀。

　　《奧義書》的時代是人類的早期，是人與人之間單純的生活，但人與環境之間就有許多的不確定災禍，所以我們現在很難想像祭祀文化對當時的人們的影響。這些祭祀文化強調的「敬天憫人」，對二元性心行的凡人規範，使他們的行為趨向一元性的。這裡的「七個世界」，是指通往天界最頂天有七個層次（《阿含經》中將欲界諸天從人道以上分有七層，依序而上為：四天王天、忉利天、燄摩天、兜率天、化樂天、他化自在天、魔宮。《阿含經》的這個法教，應該是從《奧義書》來的）。在《奧義書》的時代，祭祀是一種凡人應該遵循可貴的善業，而尋著這些善行有七個層次的天界業果。錯誤的行儀，或無善行，也就與這七個善業果無緣。

> 1.2.8 愚者被無明所覆蓋，卻仍自以為聰明，自以為知道甚多。（這樣的人）被邪惡的輪迴一次又一次的逮住。這恰似一盲者被另一盲者所引領，在路上轉圈圈。

1.2.9 愚者的行徑如同幼童，他們因無明而沉溺於種種事務，卻還吹噓著，似乎自己知道甚多，頗有智慧。他們聲稱自己深受祝福，事實上卻受貪著之苦，故求諸儀式。他們不知道正路，故此，他們享受著短暫的天界之樂，而又得時候一到，就宣告終結，他們失去了天界之位，而又得承受痛苦的侵襲。

1.1.10 那些人極為愚蠢，他們以為做些祭祀或社會慈善事業就是最好的事情。他們沒有意識到尚有比之更好之事。作為他們善業的酬報，就是他們死後得以進入天界，在那兒享受固定的一段時間。但當時日將近，他們就得返回這個世界（而重新誕生為人），或者更糟糕（以動物或昆蟲的形式返回）。

傳承《吠陀》、《奧義書》的**智者深知天界的虛妄不實**，是眾生煩惱種子的業果。如果不知道追尋「梵即是我」的一元性智慧，而仍只是**追求天界二元性的短暫之樂**，那**輪迴就像是這一世的盲者凡夫被前一世的盲者所引領，在**

路上轉圈圈。這種行徑的凡夫如同幼童，他們因無明而沉溺於種種事務，卻還吹噓著，似乎自己知道甚多，頗有智慧。凡夫不知道天界諸神也是二元性的存在，受有我執四相的煩惱束縛，就有時間相的起始與終止，有空間相的形成與毀滅，而這些只是因有情識中的業力摩耶所造的二元分別境界。如此凡夫盲者（有情識），因識中的業力投生於六道，再因無明的二元性心行，於身口意行造業因種子。雖行善因投生天界，但當時日將近（即天界業報已圓滿，他界投生的業因成熟），他們就得返回這個世界（而重新誕生為人），或者更糟糕（以動物或昆蟲的形式返回）。

> 1.2.11 另有一些平靜的智者卻住在林中，以行乞為生。他們的人生以苦行為舟筏，投入對生命終極目標的追尋。他們獲得了潔淨的心靈，在其死日，就可以（向北而行）經過太陽之門，臻達永恆不朽的金胎的居所，這就是梵界。

眾生有情識雖是落入二元性的轉識，但那是六根識向外緣物、境真如法塵時。如果有情識是棄絕外塵的，是平靜的，是向內觀照的，他將與自我一元性的本質（**末那識**

的平等性智）接觸，而他的身口意行也將受此一元性的冥
助與引導。他不再造業也獲得了潔淨的心靈，在其死日，
就可以（向北而行）經過太陽之門（即轉識成智，指有情
識轉成明的智慧），臻達永恆不朽的金胎（就是梵天，有
情白淨識）的居所，這就是梵界。

> 1.2.12 梵的尋求者深知儀式崇拜的結果是短暫的，故他
> 們不會貪著於這些崇拜。他們明白，那不朽的事
> 物不可能以可朽的方法獲得。於是，他們就會去
> 尋找獻身於梵，通曉吠陀的導師。他們手持表示
> 謙卑禮敬的乾淨木柴，向導師靠近。

> 1.1.13 首要的是，門徒已經完全控制好他的心意和他的感
> 官。然後，他走向那已經認識梵的導師。而這導師
> 就會將梵——以其所是的知識授給這樣的門徒。

　　凡夫有情在未獲得潔淨的心靈前，若知道有「梵」的
智慧可追尋，就會深知儀式崇拜的結果是短暫的，故他們
不會貪著於這些崇拜。他們就會去尋找獻身於梵，通曉吠
陀的導師。但首要的是，要親近這位已親證「梵即是我」

的導師前，門徒應該控制好他的心意和他的感官，以潔淨無分別的心靈聆聽教誨。而這導師就會將梵——以其所是的知識授給這樣的門徒。

> 2.1.8 從梵生出了七種感官，也從它生出了七種感覺，七種所感知的對象，七種覺知，每一生物體內七種感官所居的七個座位。除非它們是活躍的，否則感官就消融於自我，屆時（如無夢之睡眠），自我就安居於心的洞穴之內。

梵創造了原人（金胎，一切有情識的源頭），而原人因三德的摩耶幻力（業力），經轉識為有情識有正報身，於人身上有七種感官——雙眼，雙耳，兩個鼻孔和一根舌頭，七種所感知的對象，七種覺知，每一身體內七種感官所居的七個座位。而這正報身的根與根識的運作，除非它們是活躍的，否則感官就消融於個體自我，屆時（如無夢之睡眠），自我就安居於識心的洞穴之內。

> 2.2.3 奧義書的知識（般拿婆的信息）就如同一把弓，而個體靈魂則是弓上的箭矢，用冥想將這把箭削

尖，然後使勁拉開這把弓——也就是說，將心意從塵世的念頭中撤出——瞄準梵，因它就是你的目標，以這心意把梵射穿。

2.2.4 唵是弓，個體靈魂是箭，而梵就是箭所要發射的目標。不能有絲毫差錯，這個目標必須被擊中，當事情一成，箭矢與箭靶就合二為一。也就是說，個體靈魂必須與宇宙靈魂合一。

這裡奧義書的教導是提供一個親證自我的方法，是用般拿婆（即「唵」音）當曼陀羅，此一詞的意思就是「獲得本質」或「具有本質之物」（在修法上可稱作壇城、道場，相當於禪宗的「參話頭」）。修行者斷絕六塵，集中心力於這一「唵」音上，當親證心法一如的當下，你會融入「唵音就是我」的自覺中。這古老的法門，以「唵」音當「話頭」參，正是佛法所說的——「此方真教體，清淨在音聞」。

2.2.8 如果一個人能夠認識到梵即是因，梵亦是果，認識到梵即是他的自我，那麼他性格之中的怪癖消失，他的所有疑雲消散。他的諸多業果也會被摧毀。

> 2.2.11 這充滿喜樂的梵就在你的前面，它也在你的後面；它在南邊，也在北邊；它在上，也在下；它是遍在者。這世界本身就是梵。

當修行者認識到梵即是因，梵亦是果（即證「因果一如」、「梵我一如」），即是修行者與證道者合一，是認識到梵即是他的自我的「我即是梵」。那麼他性格之中的怪癖（即有情識的摩耶錯謬）消失，他的所有疑雲消散。他的諸多業果也會被摧毀。在親證「梵我一如」、「性相一如」當下，就會如洞山禪師所悟的「渠今正是我，我今不是渠」。當眾生達禪師所說的「處處得逢渠」的清明，就知道梵是「遍界不曾藏」的。

> 3.1.2 個體自我與宇宙靈魂棲息在同一棵樹上（指同一個身體），然而它卻不知道自己的神聖本性。這也是人們要承受痛苦的因由。但是，一旦這人認識到自己的神聖本性，那麼，這同一個個體就超越了它的痛苦，它就能夠欣賞自己的偉大。

> 3.1.3 當靈性尋求者一旦認識到他的自我即是光輝的造

> 物主,即梵天之因,也就是最高的存在,他就超
> 越了善惡,成為潔淨,獲得最深刻的唯一性的感
> 受。

「個體自我」其實本質是「宇宙自我」,只是因無明的摩耶業力發生識的三能變,而對原質緣起法相起二元性分別。若「個體自我」能潔淨心靈,當識轉變的煩惱不再生起,「個體自我」就會自證本質是「宇宙自我」,是「梵我一如」。

> 3.1.4 神在萬物中顯現,它是眾生的生命。當一個人認
> 識了這一點,除了自我以外,他將不會談論其他
> 任何事情。他也與自己遊戲,他就是自己的快樂
> 之源。他完全從事於(冥想或類似於靈性修習),
> 在所有認識自我者中間,他是最優秀的。

宇宙自我在萬物中顯現,它是眾生的生命源頭。個體自我要親證這宇宙自我,是需要淨化其心(有情識)中的無明業行種子。而這宇宙自我(有情白淨識)是一元性,具慈悲喜捨的四無量心,是極樂之地,也是眾善的原因。當親證這宇宙自我(有情白淨識)時,眾生有情就不再落

入識轉變的六根識（眼耳鼻舌身意），就會放棄自己的身體與外六塵。他完全從事於（冥想或類似於靈性修習），他只與自己遊戲。

3.1.6 只有真實無往而不勝，而不是虛假。遵行真實是直接行走在通往天界的大路上。那些已經克服了慾望的聖者，他們臻至真實所導向的最後目標。

　　宇宙自我和原質（真如法）是真實的，一元性的，永恆的；而現象界的正報身和依報萬法都是投影的幻影，二元性的，生滅的。遵行真實是直接行走在通往一元性的大路上。有情眾生若能斷離六塵，依冥想自證「心物合一、梵我一如」的一體性，將有智慧於一元平等性智的思維行儀，就不再造身口意業，從此不再受制於生死輪迴。

3.1.9 生命之氣以五種形式布滿整個身體。在這同一個身體裡面，存有一個微妙的自我，它只能被純潔的智慧所知。其實，這種智慧充滿了所有生命的心，也充滿了它們的感官。當心意是純潔的，自我就會將自己呈現出來。

五種生命氣：（一）入息，又譯為命根氣，負責心跳與呼吸。（二）出息，又譯為下行氣，由肺及排洩系統將廢物排放出去。（三）上息，又譯為上行氣，形成聲音。（四）均等息，又譯為平行氣，負責消化系統。（五）周遍息，又譯為遍行氣，循行全身。在這同一個身體裡面，存有一個微妙的自我，它只能被純潔的智慧所知。個體自我要親證這宇宙自我，是需要淨化其心（有情識）中的無明業行種子。當親證這宇宙自我（有情白淨識）一元性時，眾生有情就不再落入識轉變的六根識（眼耳鼻舌身意），就會放棄他們的身體。

> 3.1.10 一個心意潔淨的人，他無論向往甚麼世界，追求什麼事物，都可以圓滿得到。任何一位渴望自身幸福的人，也應該崇拜這樣的人。

宇宙自我（有情白淨識）是一元性，也是眾善的原因。當瑜伽士趨近這宇宙自我（有情白淨識）的最初兆相——身體輕盈，疾病不生，擺脫貪欲，容光煥發，聲音甜美，香氣襲人，排泄減少，是漸漸轉四根本煩惱我癡、我見、我愛、我慢，成為四無量心的慈、悲、喜、捨。任何一位

渴望自身幸福的人，也應該崇拜這樣的人。當親證這宇宙
自我（有情白淨識）一元性時，瑜伽士處四無量心的極樂
境，就不再落入識轉變的六根識（眼耳鼻舌身意）貪戀任
何的感官欲樂，就會放棄他們的身體。

> 3.2.4 自我無法被弱者所認識，那些沒能支付足夠的專
> 注的人也無力認識它。同樣地，如果沒有棄絕，
> 即便付出艱苦的勞動，無論精神還是體力，也不
> 能認識它。但是，智者會運用所有這些方法，工
> 作不止，這樣他才能認識自我，進入梵的居所，
> 與萬物融為一體。

要達到這「我即是梵」的一元性永恆之境，唯一途徑
是：**踐行棄絕和對真我的強烈覺知**。踐行棄絕，是斷離感
官慾望的追逐，俾能潔淨自心，不再造作無明業因種子。
對真我的強烈覺知，是能專一心意冥想自我，就像是以心
意當箭，用冥想將箭削尖，然後使勁拉開這把弓——也就
是說，將心意從塵世的念頭中撤出——瞄準梵，因它就是
你的目標，以這心意把梵射穿。當事情一達成，箭矢與箭
靶就合二為一，即是我心與梵合一。如果沒有棄絕，即便

付出艱苦的勞動，無論精神還是體力，也不能認識它。

> 3.2.7 那時，身體的十五個部位俱返回至它們的因果狀，諸根也返回至各自所出的天神，各種尚未開始的業所承載著的業果，與靈魂一道，融入至潔恆在的梵，與它合為了一體。

> 3.2.8 眾多江河，只要它們在流淌不息，最後都會匯入無盡的大海。那時，所有的江河都拋下了各自的名字和形相。同樣地，當一個人認識偉大的、閃耀著光芒的自我，他的名字和形相也就消失無蹤。

摩耶（業力）是（宇宙之輪的）普遍情境，它隱藏在三德（薩埵、羅闍和答摩）之後。這是指有情的正報身（布魯納），經識的三能變而有十六個要素：包括心智（白淨識）、五大（地水火風空的異熟種子）、五個感覺器官（眼耳鼻舌身）、五個行動器官（嘴巴、雙手、雙足、及排泄與生殖器官）。當智者心智（白淨識）達到與梵的一體，身體的十五個部位俱返回至它們的因果狀。無明是摩耶的錯謬（即有情識的五上分結：色愛、無色愛、掉舉、慢、

無明，與五下分結：貪、嗔、癡、慢、疑，而落入二元性法相分別的執取），就造作身口意諸業，這是與心中的自我有關。探索者要努力淨化心中的這無明，擺脫了無明的束縛，使心識白淨才能抵達不死之鄉，也就是說，他臻至梵界。

> 3.2.10 吠陀經典云：「假如你踐行經典所規定的種種義務；假如你研習諸聖典，並且對梵充滿信心；假如你舉行過伊卡欣祭；另外，你還遵循聖典的法則而頭頂火焰，那麼，你就有資格接受梵的知識，否則就不行。」

伊卡欣祭，是一種極複雜困難的祭祀。這是充滿苦行與棄絕感官享樂的試煉。於古代，《奧義書》的智者認為，這樣的人就有資格接受梵的知識，否則就不行。

> 3.2.11 聖人鶩吉羅莎把這種真知傳授給蘇那伽，那些尚未踐行祭儀的人不可以讀到這部《奧義書》。向傳授這種知識的聖者致敬，向他們致敬，一次，再一次。

　　走過這條路的智者知道，正確的走在這條路的條件是
「潔淨的心靈」，是必須透過淨化身心行為來達成。而這
一元性的行為淨化，是與世俗的慾望二元性行為相反，所
以「苦行」的棄絕世俗是必須的。所以這趨向一元性真理
的智慧，只能將它傳給那些心念操控良好之人。

"

【16】
卡塔奧義書

"

1.1.1 伐賈斯拉瓦莎（也叫阿烏達拉卡），屬於古代聖
者「伐賈斯拉瓦哈」（因慈善而著稱）的家族，
他要進行一次「維希瓦吉提」獻祭，以企獲得天
上豐盛的賞賜。這種祭祀要求他要傾其所有。他
有一個兒子，名叫納西卡達。

1.1.2 納西卡達看到了父親奉上的祭品。他雖然年輕，
但他對經典有很深的信心。於是，他便依於信心
之光開始思考。

《卡塔奧義書》是藉著一個故事，來傳達至尊的自我
知識。故事的核心是一個對話：一方是掌管死亡的天神閣
摩；另一邊是天資雄拔的婆羅門少年納西卡達。他父親要
進行一次重要的獻祭，這祭典應該是要把自己的所有財務

當成祭品，但他父親獻上的是老邁的母牛和老舊的事物。

> 1.1.4 於是，納西卡達詢問父親道：「你將把我獻給誰
> 呢？」他問了兩次，然後問了的三次（因為他的
> 父親不做回答）。末了，他的父親（生氣地）說：
> 「我將把你交給死神！」

納西卡達因深信吠陀經典的教導，於心中思索認為父親的行為不符合經典中「布施」的神聖行徑。這種布施無用之物是褻瀆神明的行為，根本是對吠陀所說的天界沒有信心。然而更重要的是，父親的這種錯誤，將造成他死後落入悲慘的「無樂界」受苦。對於他父親是一個受過吠陀教育的婆羅門，不應該犯這種錯誤。他想提醒父親，這種祭祀應該獻上的是他最喜愛的事物；而納西卡達知道自己是父親最喜愛的兒子，所以他提出了這樣詢問父親道：「你將把我獻給誰呢？」

當父親因貪念而褻瀆神明的行為，被愛子納西卡達看穿，又再三地被他詢問，才惱羞成怒的說：「我將把你交給死神！」但心靈憨直的納西卡達卻感到疑惑，因為他是父親最喜愛的兒子，是於吠陀教育有成就的婆羅門，理應

獻給的是天神、太陽神，前往的是天界，父親不應該將我祭獻給死神閻摩。（按吠陀經典，人道、畜生道、鬼道是由死神閻摩所掌管，而死神的威力不施之於天界諸神。）

　　納西卡達進入深度的冥想，他覺知到不管是昔日的祖先，或今日偉大靈魂，甚至是世間的萬物，都是有生滅的。既然父親已經說出了：「我將把你交給死神！」，納西卡達作為一個誠信的婆羅門，理應遵受諾言。他決定於冥想中，去前往死神閻摩的居所。

> 1.1.7　當一位婆羅門作為客人進入一座房子時，他就猶如一道火焰。所以，照經典的規定，太陽神的兒子（指閻摩）應該給客人提上一些水。

　　在吠陀經典的教義中，常將婆羅門視為烈火；而且在客人階層中，婆羅門是最尊貴的。所以，照經典的規定，太陽神的兒子（指閻摩），應該給客人送上一些水和食物。恰巧，納西卡達前往閻摩的居所時，閻摩不在府中，僕人也沒招待他。這種對一位有修養的婆羅門的失禮，將造成主人所有的善行功德，再加上他的牲口與後代，這些統統都要被毀滅。

1.1.9 （閻摩對納西卡達說道：）「哦，孩子，你是我的貴客，你是一位『婆羅門』！我對你實為尊重，我向你致敬，請給我以祝福，以求諸事順遂。婆羅門啊，你在我的家裏度過了三日，卻一無所食。那請從我這裡這裡獲得三個願望吧！每一個願望償還你在我這裡所度過的一個日夜。」

1.1.10 納西卡達答道：「哦，死神啊，那就請應允我，讓喬達摩──我的父親擺脫憂愁，使他得到平靜快樂的心境，不再因為我而生氣鬱悶。而且，當我從你這兒歸家之時，讓他速速認出我來，並能夠待我如昔日。三個願望裡面，這是我的第一個請求。」

對於這種失禮的行為，閻摩決定給納西卡達三個願望，每一個願望償還他在那裏所度過的一個日夜。而納西卡達提出的第一個請求是**「復活」，於死後的第三日復活**。（這種於道德有修養，於至高吠陀經典有信心的婆羅門，死後不該交由死神，而是前往天界的觀念，應是這《卡塔奧義

書》提出「**復活**」教義的基礎。而這教義也影響著後世追尋真理的尋道者，可能也包括青年的耶穌基督。）（《馬太福音》16.21，《馬可福音》8.31，《路加福音》9.22）

> 1.1.12 （納西卡達說道：）「在天界，人們無憂無慮。像你，死神啊，你的威力也不施之於天界，所以那裡亦無垂暮的憔虜，飢渴也不會來打擾。人們超然於悲傷與痛苦，享受著天界生活的悠遊與自在。」

納西卡達從吠陀經典的教導，知道天界的無憂無慮、死神的威力不及、飢渴也不會來打擾、超然於悲傷與痛苦、生活的悠遊與自在等種種使他嚮往。

> 1.1.13 「哦，死神啊，你知道火祭是抵達天界之路，請你為我解釋之，因我大有信心。那些在天上的人們享受著不朽。這關於火祭的知識，也就是我所要請求的，把它作為我從你這兒獲得的第二個恩惠吧！」

納西卡達從吠陀經典的教導知道，火祭是抵達天界之

路。他因不知道有更高的永恆梵——自我的知識，所以提出的第二個恩惠要求是前往天界之路——火祭的知識。**在吠陀文化中，男神與女神皆起源於凡人，但他們於靈性極力修行，終於死後進入天界成為神**。閻摩原本也是凡夫，通過心靈修行與火祭成為神靈，於上界主掌生死之權柄。

1.1.15 閻摩告訴納西卡達，那火是初始的世界，即是說最初顯現的存在。他把火祭的操作詳細地描述給了納西卡達，他還告訴納西卡達那些建立神壇所必需的細節，應該使用什麼樣的磚石，應該如何安放它們。他還告訴納西卡達，這火又該如何被點亮，等等。納西卡達重複著閻摩所說的每一字詞，這令閻摩頗感欣慰，於是他說道——

1.1.19 「噢，納西卡達，這便是你所要求的關於阿嗜尼的知識，也是你選擇的第二重恩惠，我已經把它給你了。人們將以你的名字來命名這火祭。現在，納西卡達啊，你就選擇第三重恩惠吧！」

閻摩說：「那火是初始的世界，即是說最初顯現的存

在。」是說：從那至尊的梵所顯的宇宙自我（或稱金胎），就是這「火」。如果一個人能夠依著經典的教導，實行火祭，並實踐供奉、布施和研習吠陀三件聖事，淨化自己的心靈，透過冥想，那人將與這「火」合一，超越人間的無明、生死，便獲得天界的平安。「阿嗜尼」即火神，但不是日常生活的火。而是指萬物之源，亦是世間所用的火的源頭。這裡「阿嗜尼」（火神），即是指共有之自我，或稱宇宙自我，或稱金胎，或稱上帝，或稱梵天。

1.1.20　（納西卡達說道：）「當死亡發生，人們總會有關於是否有某物（指靈魂）存在的議論：有人說有，有人說無。我願請你來指點迷津，使我知曉這一謎底。這便是我所提出的第三重恩惠。」

1.1.21　（閻摩說：）「哦，納西卡達，你所提出的這個問題，甚至連先前的神明也疑惑重重啊！自我的本性極為微妙，理解起來亦甚為困難，你還是要求別的恩次吧，請勿逼迫我回答這個問題，還是饒過我吧！」

1.1.22　（納西卡達說道：）「哦，死神啊，你剛才這麼說：

「先前的神明也為之犯難」。你還說，要領會這

個自我，絕非易事。但是，一個像你這樣的導師

是難以找到的。而且，沒有什麼恩惠如斯珍貴。」

納西卡達在此提出吠檀多哲學中最關鍵的部分，也就是「自我知識」。根據吠檀多哲學，終極的實體是「純粹意識」，人們也把它稱為絕對存在、絕對智慧、絕對喜樂、或稱無上梵、無上我等等。這終極實體是超越人類的思考和語言的，它就是一元性的「獨一者」。這終極實體梵的最初顯現，與摩耶有關，故它是有屬性的梵。這微妙的知識，不是一般智者能知曉，甚至天界諸神也犯難，所以閻摩說：「先前的神明也疑惑重重啊！」

這裡納西卡達進一步反省：「如果已經知道自己必將腐爛和死去，所有的感官和快樂也必將一無所有。如果他已經知道有不朽的生命能夠滿足他更高的需求，那麼，此人難道還會去選擇所謂的長壽嗎？」，「自我之有無，關係到解脫、永恆，這個問題是如此之重大。」

1.2.1　（閻摩說：）「善良與快樂乃不同之事物，他們依於不同之目的。但是，兩者皆能束縛人們，雖然不是在同一層意義上。那選擇了善者，會對自己有所助益；而追求快樂者，將會偏離自己生命之目標。」

1.2.2　「善良和快樂兩者皆向人們開放。有智慧的人會對兩者進行深入地辨別和區分，細細地稱量它們各自的優劣後，會選擇善良，而不是快樂；但是一位短視者則會選擇快樂，因為，他所關心的僅僅是他那不斷高漲和累積的物質欲求。」

「善良」是趨向一元性的心性，而「快樂」是二元性的追求感官滿足；所以，選擇了實踐善行的人，將獲得天界的善果，這是對自己有所益的；而選擇追求感官享樂者，因貪瞋癡的身口意行造業，則會因業果而不斷的在欲界三道輪迴。雖然兩者不是在同一層（即天界與下三道差別）意義上，兩者因皆是二元分別性，故能束縛人們。當一個人知道有天界的善果——無憂無慮、死神的威力不及、飢渴也不會來打擾、超然於悲傷與痛苦、生活的悠遊與自在

等等，應該會選擇善良，而不是快樂。更重要的是，這種實踐善行的人，是趨向一元性的心性，而這種約束最終必會導向解脫。

閻摩告誡塵世上的諸多事物虛妄不實，這些只是眾生煩惱種子的業果。如果不知道追尋「梵即是我」的一元性智慧，而仍只是依著二元性知識追求短暫的慾望滿足，那輪迴就像是這一世的盲者凡夫被前一世的盲者所引領，在路上轉圈圈，不斷的生死。

1.2.6 「世上有甚多的人們依附於他們的家庭，他們也為自己的財富而自豪。這個世界迷惑了他們，使得他們甚為幼稚。他們以為環繞著自己的世界就是唯一實在的世界，他們不相信尚有別的世界存在。因此，他們從來不曾為趨往另外一個世界的旅途做好準備，就是這樣的人，他們總是在我的掌控之中，一而再，再而三。」

1.2.7 「那麼多的人不曾聽說過自我（阿特曼），這實為常見。而在聽說過它的人群裡面，也有很多人並不理解其意義。事實上，能夠教育自我知識的

> 勝任之導師極為稀奇。同樣地，那些能夠親證自
> 我知識的人亦必是極為卓越之人。所以，即便是
> 受過優秀師尊之教育，也只有極少數的人終獲自
> 我之知識。」

大部分的世俗人，不相信尚有別的世界存在。他們不曾聽說過自我（**阿特曼**，本指個體自我，這裡是指心靈自我，有別於世人的誤認身體是我）。而對這種誤認「身體是我」的指正，能夠教育心靈自我知識的勝任導師極為稀奇。因為要**有這智慧的老師，應是親證這自我的智者。**

1.2.8 「如果一個人攜帶著的是一個趨於物質主義的心
　　　靈，讓這樣的人來傳達自我，這自我知識將不可
　　　能被理解。對於自我，有許多錯誤的觀念。一個
　　　真正的老師即是以自己與梵為同一者。當這樣的
　　　老師實施教誨之時，門徒的內心就不會有矛盾與
　　　爭鬥的思想。否則，如果一個人依靠推理，建立
　　　了一個精微的自我，而另外一個人，就會以同樣
　　　的方式，建立了一個更為精微的自我。但是，以
　　　這種推理的方式，自我終究不可能被了解。」

一個真正的老師即是以自己與梵為同一者，即親證「我即是梵」一元性者。處一元性的導師，其身口意行為是無分別的，是「以人為己」的教誨。如此，門徒的內心就不會有矛盾與爭鬥的二元性分別思想。依靠二元性推理分別，建立的知識體系，又會被另外一個人，以同樣二元性分別的方式，建立了一個更為精微的知識體系。

> 1.2.10　「我知道財富和所有的勞動果實俱非恆常之物，你不可能依靠這些短暫的事物來抵達不朽的自我。我雖明白了這一點，然而確實踐了納西卡達火祭，於是，我獲得的酬報就是閻摩的權位。這個身分雖亦被人們視為永恆，但那也僅僅是相對意義的永恆。」

閻摩讚美納西卡達所俱有的無垢心識，通過某些人的教誨而得，那些人教誨你的也不是基於推理，而是研習經典，最後認識了自我。同時，閻摩也後悔自己雖明白了這一點，然而確實踐了納西卡達火祭，於是，他獲得的酬報就是閻摩的權位。這個天界身分雖亦被人們視為永恆，但那也僅僅是相對意義的永恆。

1.2.12 「要明白無時間性的真我是頗困難的，因為它居
於每一個人的心靈深處，並藏於智力裡面，同時
又超出了人們的感知範圍。那些親證了內部自我
的智者，他們就不會再為苦樂所動。。」

閻摩接著要試著描述「真我」的一元性存在，然而這
一元性是圓滿，是無我（主客相）、無人（內外相）、無
眾生（遠近、高低、大小、長短、強弱……等相）、無壽
者（時間相）。其困難是超出了人們的感知範圍，又是言
語道斷。

1.2.13 「一個人必須從勝任的老師那裏傾聽自我的知
識，但是，單單『傾聽』還是不夠，他必須體證
到自我。他必須牢牢地把自身建立在自我那裡，
盡管自我無比精微。這個自我，如同達摩，是宇
宙的基礎。一個人必須忠實於達摩，當他明白了
自己就是這個自我時，他便會覺得再無更高的成
就需要去達成，他處在全然的滿足中。他是快樂
的，滿是喜悦，而這喜悦的源頭就是他自己的自
我。我想，納西卡達現在有資格與梵合一了。」

一元性的圓滿自覺，無法用傾聽自我的知識達成，只能是親證「我即是梵」。這個自我（有情識），如同達摩（指「法」——凡持有一定性相，可引發認識的，這裡指原質真如法）是宇宙的基礎。因為宇宙萬象，是自我忠實的依著達摩緣起的。當一個人證入這「我即是梵」的一元性存在，是常、樂、我、淨的自覺和慈、悲、喜、捨的行履，他處在全然的滿足中。

> 1.2.15 （閻摩答道：）「你所追求的目標，其在《奧義書》中被譽為至高無上者，它只有通過苦行才會得到啟示，也只有那些準備實踐禁欲的人才會最終獲得。我將會給你準備簡單描述它是什麼——它就是唵。」

納西卡達已經意識到，他所想知道的自我知識，是無為性——非做，亦非非做；是非因果性——非因，亦非果；是非時間性——超越於過去和現在，也超越於未來的。所以，閻摩闡示要達到這「我即是梵」的一元性永恆之境，唯一途徑是：禁欲——**踐行棄絕**，和當成所追求的目標——**對真我的強烈覺知**。閻摩提出《奧義書》的教導最神

聖的聲音「唵」——這是一個提供親證自我的方法，是用般拿婆（即「唵」音）當曼陀羅，此一詞的意思就是「獲得本質」或「具有本質之物」（在修法上可稱作壇城、道場，相當於禪宗的「參話頭」。這古老的法門，以「唵」音當「話頭」參，正是佛法所說的——「此方真教體，清淨在音聞」）。

> 1.2.18 「自我從不是被誕生，故它也不會死去。它既不生出萬物，萬物也不生出它。它無生，它永恆，它不變，它總是存在。身體會有死滅，而自我則從來不會有生死。」

> 1.2.19 「如果一個殺人者以為自己在殺人，如果一個被殺者也以為自己在被殺，這意味著兩者都沒有明白自我，因為自我既不可以殺，也不可以被殺。」

這裡闍摩闡示自我是純粹的覺知，不同於物質性的身體。身體是緣起法相，是依著法住法位的原質真如法緣起，而有「此有故彼有，此無而彼不變」的生滅變化。而純粹意識的自我，從不是被誕生，故它也不會死去。

1.2.21 「自我立於一地，卻又四處漫遊；自我如如不動，卻又弗遠不居；它是喜樂，亦是非喜樂。除我以外，誰人明之？」

1.2.22 「在所有形式中呈現，而其本身卻沒有形式；在易朽的的事物中居住著不朽的實體——偉大的，無處不在的就是這個自我。明白了自己即是自我，智者就無所畏懼。」

這宇宙「自我」，它是涉入一切的「遍界不曾藏」，它隱藏在眾生的心中，比至小者更小，比至大者更大。只有心靈潔淨的親證者，才能明白物我一體的存在。而這種一元性常、樂、我、淨的自覺，令他心無罣礙，無有恐怖，遠離顛倒夢想。

現象界的萬法，雖是由自我依真如法緣起的法相，但這法相也因個體自我的三德業力而不同，如天界與人道所見不同。所謂【一境四心】的差異（出自《攝大乘論釋》）譬如一水的真如法。本無有異。蓋因天、人、餓鬼、畜生果報不同。故于一水而見有四相分別之異。（一）天道有情識見水的真如法是寶嚴地謂諸天福德勝故。其所見水。

悉成琉璃眾寶莊嚴之地。（梵語琉璃，華言青色寶。）（二）人道有情識見水的真如法是水。所見謂水，清濁雖異，皆是水。（三）餓鬼見水的真如法是膿血。謂由宿世慳貪，罪障深重，墮餓鬼中，長劫不聞漿水之名。既因饑渴所逼，望見河水，意欲飲之，速趨岸傍，皆是膿血。（四）魚見水的真如法是住處，住處即窟宅。謂魚以水而為住處，潛躍游泳，不見水相。

1.2.24 「一個陷溺於罪孽中的人是不可能親證自我的。同樣的命運發生在另外幾類人身上：比如那些因貪念感官欲樂而使自己心意紊亂的人，比如總是追求行動之結果的人。抵達自我的唯一途徑是藉助智慧。」

1.2.25 「在眾人之中，婆羅門和剎帝利是最好的，但即便是他們，也如同自我的食物。死亡可以征服每一個人，然而甚至死亡本身，也不過是自我的佐料。只有自我是至尊，常人（因其有限）不能夠建立起自我的完美，此是非自制者所不能行之路。」

從「梵我一如」的一元性來說，萬物皆是我身，所以，陷溺於罪孽傷害別人的人也是戕害自己的人，這種人是不可能親證自我的。因為他們本性自我中的一元性覺知，被完全的蒙蔽。同樣地，追求感官欲樂而使自己心意紊亂的人和追求行動要有所得結果的人，也深陷在二元性的分別中。這幾類人心靈積了很厚的二元分別煩惱垢，必須通過很艱辛的努力淨化心靈。在眾人之中，婆羅門和剎帝利是最好的，因為他們遵循吠陀經典的約束，努力從事善行。因為遵循善行可得善業，而這些善行有天界業果，這是一條趨向一元性的心性，而這種約束最終必會導向解脫。

> 1.3.2 「對於那些試圖借助獻祭而越過塵世經驗之洋的人而言，納西卡達火祭是最好的橋樑。我們已經了解過此火祭，並可加以實踐。而且我們也還知道另外一條道路，它可帶你到達彼岸，在那裏你會與無上梵（即最高的無屬性之梵）合為一體。你便可以抵達無畏之鄉。」

由吠陀經典的教導，經由善行與火祭，是一條通往天界的道路。這條路所達的天界，雖不是終極的一元性解脫

221

的目標，但它能是趨向一元性的。另外一條道路，經由**踐行棄絕和對真我的強烈覺知**，它可帶你到達彼岸，在那裏你會與無上梵合為一體「我即是梵」。

> 1.3.10 「超越於人的感官的，是感官的對象；超越於感官對象的，是人的心意；超越於人的心意的，是理性；而超越於理性的，是『大我』。」

感官五根（眼耳鼻舌身），是由五根識（感官的對象）所操控。而五根識匯集到第六分別意識（人的心意），第六意識可以展現六根互用。第六分別意識是由第七末那思量識掌控，這第七識是一元性的我執識（理性，物我一如的平等性智），而超越於理性（我執識）的，是偉大之自我——「大我」（無分別的第八阿賴耶異熟識，或稱金胎）。

> 1.3.11 「未顯現者超越於偉大之自我，宇宙之大我超越於未顯現者。沒有比宇宙之大我更高的事物了，它意味著所有成長的終點，這是人可抵達的終極歸宿。」

未顯現者（梵創造的真如白淨識與原質真如法）超越

於偉大之自我（有情識，或稱金胎），宇宙之大我（即梵）超越於未顯現者。梵掌控著六大（地水火風空識），故也操控著六大所構成的未顯現者。

> 1.3.12 「自我深藏於所有之存在。它隱而不顯。只有具備洞察力的智者，借其銳利和微妙的智慧才可能察覺到它。」

> 1.3.13 「智者將語言返回心意，將心意返回至清澈的理性，將理性返回至偉大之自我（金胎），將偉大之自我返回至純粹之自我（阿特曼）。」

偉大的自我（第八阿賴耶異熟識，或稱金胎），深藏於所有之存在，它隱而不顯。尋道者需要清明的智慧與向內返觀，才能看到本質存在的自我。首先他要斷絕感官的向外追逐（即初禪，斷外六塵），返回心意達心一境性（即二禪，成就第六意識的清明境）。再將心意（第六意識）返回至清澈的理性（即三禪，成就第七意識的一元性我執境）。再將理性（第七末那我執識）返回至偉大之自我（金胎，即四禪，成就第八阿賴耶識的一元性無分別境）。再

將偉大之自我（有業異熟種子的第八阿賴耶識）返回至純粹之自我（阿特曼，即真如白淨識）。

> 1.3.14 「哦，人們吶，快起來，快甦醒！快去尋找智者，從他們那兒學習自我的知識。他們說，通向自我之路是艱難的，如同行於一把剃刀的鋒刃之間。」

> 1.3.15 「這是無聲無觸，無形無嗅，這是永恆的，不可朽壞的，甚至高於大我，是常在的─誰認識了這一自我，他便從死中獲得解脫。」

聖者才知道：「存在兩種類型的知識──一類是關於自我、梵界，是明的、是一元性的、是絕對的知；一類是關於塵界，是無明的、是二元性的、是相對的知。」。而這通向自我一元性之路是艱難的，因為這自我的知識是不落入二元分別的，如同行於一把剃刀的鋒刃之間（禪宗稱之為過「無門關」──離關鍵，得無門的「阿那含」聖者）。尋道者親證這一元性的自我，就達解脫之道獲得解脫。

> 1.3.17 「如果一個心靈潔淨的人，在婆羅門（尋找真理的虔敬者）的集會上，或是在親人們獻上禮物作

為對逝去者致敬之時，清晰復誦這個納西卡達和死神的故事，這種傾聽會對所有在場者——闡釋者和傾聽者——皆有無盡的回報，是的，它將帶來無盡的回報！」

《奧義書》的「婆羅門」是指已經能收斂身心向內，使心靈與感官專注於宇宙自我的人。這種聖人是已經能教導別人奧義書的法門，故世俗用以通稱有學問的祭司、學者。世俗人若能親近這些智者、「婆羅門」，傾聽、記憶、復誦他們的教誨，就可以淨化自己的心靈，改變身口意的行為，使心靈趨向一元性，自我的知識會於他們的內心揭曉，解脫之日也將來到。

2.1.1 「由自己誕育出自己的我主所創造的感官有著天然的不足，那就是它們天生朝向外界。這也解釋了為甚麼人們可以看得清外部的世界，卻無法看明內在的自我。只有那些稀奇的智者，他們尋求永生的奧秘，而將自己的感覺器官由外界縮回，從而看清了內在的自我。」

2.1.2 「那些幼稚的人總在追逐著外界的事物，他們也
      總是要落入死亡張開的巨大羅網。而有智慧的人
      則不然，他們知道真正的永恆在哪裡。這也正是
      他們為何會拒絕塵俗的一切之緣由。因為他們深
      知其短暫意識的本性。」

　　兩類知識就被視為：塵知和靈知。人的感官六根天生
朝向外界追逐六塵，創造了無數的二元分別經驗與名相，
這就是塵知。只有接受過靈知教導的智者，他們才知道將
自己的感覺器官由外界縮回，由淨化自己的心獲得清明的
智慧，從而看清了內在一元性的自我。

2.1.3 「一個人正是靠借自我才知道形相、味道、氣味、
      聲音、觸覺和兩性的愉悦。難道還有自我所不知
      的其他事物嗎（因為自我是全知的）？其實，這
      個也就是那個（納西卡達所追求的自我）。」

2.1.4 「一個人無論擁有什麼樣的經驗——不管是在睡夢
      狀態，還是醒覺狀態——皆因了偉大的、無處不在
      的真我。一個覺悟的靈魂會意識到它自身與偉大的

自我的同一性，它就不再受制於塵世的痛苦。」

塵知雖是靠感官六根接觸六塵，而建立二元分別經驗與名相的知識，但這能力仍是靠借自我（即未染污的真我）才有此功德用。所以，這能產生塵知的作用的那個自我，也就是納西卡達所追求的真我。故一個人不管是在睡夢狀態，還是醒覺狀態，皆因了偉大的、無處不在的真我而存在著。

2.1.5 「這個人不再追逐於行動的結果，他知道了個體自我就是過去、現在和未來的主宰，他發現了自己與它的親密關係（即意識到他與它的一體性），他便無所畏懼。其實，這個也就是那個（納西卡達所追求的自我）。」

如果一個人知道有靈知的聖道，就會像納西卡達的反省：「如果已經知道自己必將腐爛和死去，所有的感官和快樂也必將一無所有。如果他已經知道有不朽的生命能夠滿足他更高的需求，那麼，此人難道還會去選擇所謂的長壽嗎？真我之有無，關係到解脫、永恆，這個問題才是重大的。」

2.1.7 「眾神的靈魂，阿底提，以宇宙能量的形式把自
己呈現出來。它是唯一的食者，它也是五元素。
它居住於萬物的內心。如果一位靈性追尋者將自
己與它的身分認同為一，他就親證了梵。其實，
這個也就是那個（納西卡達所追求的自我）。」

阿底提，無所限制、食者的意思，是毀滅者，這裡是
指梵以能量展現的金胎、首現者。緣起的現象界是由金胎
依諸元素所構成的原質真如法而有，故是它以宇宙能量的
形式把自己呈現出來。所以，一位靈性追尋者將自己與能
量形式的阿底提認同為一，他就親證了梵。

2.1.9 「它（即梵）那裏是太陽升起的地方，也是太陽
落下的地方，眾天神依賴它。無人能夠獨立於它。
其實，這個也就是那個（納西卡達所追求的自
我）。」

梵在一切的存在裡，也是梵賦予一切存在能力。梵創
造的真如法法住法位，而這真如法界不可說動與不動、用
與無用。只有當梵創造的有情識，以梵的摩耶業力緣起時，
這些所顯的現象界萬法──如太陽的升起與落下，才因著

所依的原質真如法法位緣起，透過這樣的疊置而有動與不動、用與無用。

> 2.1.10 「此處有的，彼處亦有；彼處有的，此處亦有。如果一個人認為彼與此之間存在著差別，則他將由死亡走向死亡。」

> 2.1.11 「單單通過（潔淨）心靈，這（梵）就能夠被認識。無物可以與這（梵）分離。一個人如果以為某物可以與之分離，則他將由死亡走向死亡。」

梵運作了六大（地水火風空識）涉入一切，而這是「遍界不曾藏」的「此處有的，彼處亦有；彼處有的，此處亦有」一元性。但如果有情識仍落在有「彼與此之間存在著差別」的二元性，表示這有情識仍因業力所困，那他就要再受業報有生死輪迴。但只要有情識通過潔淨心靈，就可以在內心看到本質的一元性自我，就能夠被親證「梵我一如」。

> 2.1.14 「正像落在險峻絕壁上的雨水會沿著山坡四處流淌一樣，同樣地，人們會以為每一個體都擁有自己的靈魂，因其皆有一個特徵明顯的身體。但是

> 這麼思想的人，他也將會隨著這些（易朽的）特
> 徵而易朽。」

此處《奧義書》要提醒的是落入我相、人相的二元性，
會執著身體個體我。因為二元性的我相，就會有內外關係
的錯誤；二元性的人相，就會有主客關係的錯誤。陷入了
這種二元性的謬誤，就會把虛幻、易朽的肉體當成實體。

> 2.1.15 「哦，喬達摩，當純淨的水流入純淨的水，那就
> 合二為一了。這樣的事情也發生於智者身上，當
> 其領悟了至高的自我知識，他的靈魂也就成為了
> 梵。」

靈性追求者斷除外欲、淨化心靈後，其心識中的無明
業種消除，成就的白淨識即是金胎，是梵。所以，就像純
淨的水流入純淨的水，那就合二為一了。

> 2.2.3 「自我引導著生命氣息向上（prana 布魯納），自
> 我也引導著生命氣息向下（apana）。這自我居於
> 我們的內心，瑜伽士冥想著它。所有的感官履行
> 各自的使命，好似要將其作為貢物獻給主人一般，
> 而這主人就是自我。」

梵創造了一切，也含攝於一切中。知識與無知兩者皆深藏於至尊梵。梵創造了金胎（是一切有情識的源頭，即第六大的有情白淨識），同時也賦予明的知識力量（覺知的智慧）。梵也創造了五大（地水火風空）所構成的原質真如法（無知）界。自我引導著生命氣息向上，由金胎生出布魯納（意為會動的氣息、呼吸、生命，即指有異熟種子的阿賴耶識）。自我也引導著生命氣息向下，生出了apana（不動的氣息、生命，如植物）。

2.2.4 「當這顯現的靈魂棄下身體，而（從身體裡面）分離出來之後，尚剩何物？（無物存留）其實，這個也就是那個（納西卡達所追求的自我）。」

2.2.5 「沒有任何人僅僅靠借其生命之氣息而存活。還有另外的某物在支撐著他。prana 和 apana 兩者皆依賴於此『某物』（亦即宇宙大我）。」

瑜伽士利用冥想深入內心，達「我即是梵」時，就知道身體只是梵的一部份展現而已，而且這展現無法與萬物分離（這即是一元性的意義）。所以達「我即是梵」的瑜

231

伽士自覺，prana 和 apana 兩者皆依賴於「我」──即梵，支撐著。

> 2.2.7 「許多已經顯現的靈魂，依照其業力和知識，擁有了一個身體，進入了重生的旅程。但是也有些情形是，其所獲得的身體是無法行動的（比如一棵樹）。」

原人（金胎）是一切有情識的源頭，它創造了諸多形相：男神與女神（天道）、男人與女人（人道）、動物（畜生道）、昆蟲，等等有情眾生，甚至其所獲得的身體是無法行動的（比如一棵樹）。每個眾生有情的形相，都是因其業因而有的果報身；每個眾生有情所處的道（法界），都是因其業因而有的依報世界。

> 2.2.8 「當萬物皆沉入夢鄉，只有唯一的覺醒者存在，是它接二連三地（據其對象）創造出一個個願望。它是清淨的，它是梵，也被譽為不死者。它是整個世界的支柱。其實，這個也就是那個（納西卡達所追求的自我）。」

　　萬物都只是梵創造的原人與原質，所投影的夢幻影像。所以，只有唯一的覺醒者存在——梵天（金胎），是它接二連三地（據其對象，指因業力依著真如法緣起）創造出一個個願望。

> 2.2.14 「當智者說「此即彼」，也就是說「梵就是喜樂」時，這裡所指的就是他們所曾描述過的那難以言傳的無上狂喜。我們如何才知道，究竟這喜樂（梵）是自我顯現的呢？還是必須通過心智和理性才得以把握？」

　　當智者證入這「我即是梵」的一元性存在，是常、樂、我、淨的自覺和慈、悲、喜、捨的行履。故他說「此即彼」，也就是說「梵就是喜樂」時，這裡所指的就是他們所曾描述過的那難以言傳的無上狂喜。

> 2.2.15 「在梵的現場，太陽不再發光，月亮和群星也是一樣，閃電也是如此，更不用說火焰。當梵發光照耀，萬物也隨之發光照耀，依於此光，萬物受照。」

梵在一切的存在裡，也是梵賦予一切存在能力。梵創造的真如法法住法位，而這真如法界不可說動與不動、用與無用。只有當梵創造的有情識，以梵的摩耶幻力緣起時，這些所顯的現象界萬法——如太陽、月亮與群星的發光，才因著所依的原質真如法緣起，透過這樣的疊置而有動與不動、用與無用。

2.3.1 「整個宇宙如同一顆巨大的菩提樹，而其根部卻高高在上（居於梵界），其枝葉（如塵世男女，如動物、蟲子和植物等）卻是往塵世生長。這（現象界）是無始無終的（它來來去去，一次又一次，如同波浪——亦即輪迴）。這棵大樹的根就是梵，他們說，它是清淨的，是恆在的。包括這個地球在內的所有世界都居住在它那裡，再也沒有可以超過它的事物。其實，這個也就是那個（納西卡達所追求的自我）。」

2.3.2 「這個世界的所有一切都是從布魯納（prana，生命之氣息，亦即梵與它自己的能量摩耶結合在一

234

起時所生）而來。又依此布魯納而行止。這梵如
擊打的霹靂，是大恐怖者。那些親證此梵者便成
為不朽。」

這存在的全部，此節奧義書將它比作菩提樹。然而這
種比喻無法呈現真實的梵與虛幻的現象界的差別。雖然菩
提樹的根莖葉栩栩如生，但它們是長於塵界，是依原質（五
大所成的真如法）而有，是因原人（布魯納，即個體自我、
有情識）而異的。所以，這菩提樹是因原人依原質投影而
有的虛幻影像，即這個世界的所有一切都是從布魯納（生
命之氣息，亦即梵與它自己的能量摩耶結合在一起時所生）
而來。又依此布魯納而行止。

2.3.3 「出於畏懼（梵），火才散發熱量；出於畏懼（梵），
太陽才發放光芒；出於畏懼（梵），因陀羅、伐由、
第五位神和死神，各司其職，不敢怠慢。」

所有的天神火、太陽、因陀羅（雷神）、伐由（風神）、
第五位神的死神，都是梵所成就，依梵才有其大能。

2.3.5 「正如清晰的鏡子會映照出清晰的身影，你在純
潔的自心中亦可映現出自我；正如你在朦朧的夢

境所見到的朦朧的事務，你在祖道所見的也盡是
模糊的自我；正如你在水中所見的倒影一般，你
在乾達婆世界所見的自我也是霧裡看花。但是，
當你在梵界見到你的自我之時，你所見的，則如
同光與暗那般清晰分明。」

「祖道」──指輪迴在各道的有情識，如人道之有情
眾生。人的有情識因業力摩耶幻力，使其所見到的原質（五
大所成真如法），成為其正報身與依報世界。所以，正如
人在水中所見的倒影一般，人在乾達婆世界所見的自我也
是霧裡看花。要看清楚本質的自我，其先決的條件是有清
明的心靈（白淨識），這是需要去清除心識中的無明業因。
所以苦行於棄絕感官的造業，是潔淨心靈的唯一途徑。當
人的心靈如清晰的鏡子，即可映現出清晰的自我。

2.3.6 「而感官卻有著另外一個源頭，它們是諸元素的
產物。當一個人在睡醒時，它們就甚活躍；當一
個人處於睡眠態，它們就閒散。一位真正的智者
明白自我是獨立於諸根的，他也就因此而超然於
煩惱。」

2.3.7 「人的心意識超越於人的感官；理性超越於心意；
　　　 而超越於理性的是大我（首現者）；超越於大我
　　　 的是未顯現者。」

感官是諸元素的產物，它們的源頭是原質，它們只是
原人的工具，原人是獨立於它們。當一個人在睡醒時，它
們就被活躍，就被人依著法位緣起法相；當一個人處於睡
眠態，它們就法住法位的閑散著。

感官五根（眼耳鼻舌身），是由五根識（感官的對象）
所操控。而五根識匯集到第六分別意識（人的心意），第
六意識可以展現六根互用。第六分別意識是由第七末那思
量識掌控，這第七識是一元性的我執識（理性），而超越
於理性（我執識）的，是偉大之自我──「大我」（無分
別的第八阿賴耶異熟識，或稱金胎）。未顯現者（梵創造
的真如白淨識與原質真如法）超越於偉大之自我──「大
我」，宇宙之大我（即梵）超越於未顯現者。梵掌控著六
大（地水火風空識），故也操控著六大所構成的未顯現者。

2.3.8 「原人（purusa）是遍在的，也是無形無色的（所
　　　 以無法知其真正面目）。無論何人，如果認識了

它，他就會得以解脫（於生死輪迴），而且獲得不死（甚至在它尚活著的時候）。」

原人（purusa，阿特曼、真我、真如白淨識）是超越於布魯納（prana 意為會動的氣息、呼吸、生命，即指有異熟種子的阿賴耶識）。它是遍在的，它就是萬物中的至偉至大者，也就是萬物的自性。認識了它——即親證一元性自我，就認識了梵。

2.3.9 「宇宙大我不是我們視覺的對象。沒有人可以以其肉眼察覺到它（或以其他感官來感知）。只有當一個人的心意是潔淨的，而且不斷的冥想它，它就會自己顯示自己於其心中。當以恰當的方式親證它之後，此人就成為不朽。」

2.3.10 「當五種感覺器官都停止了工作，心意也完全平靜消融了之後，理性也就從其工作中隱退，這樣就是智者們所描述的最高的靈性狀態。」

宇宙大我不是我們感官的對象，而是「它即其所是」。宇宙自我的「梵我一如」，是「言語道斷，心行滅處」，

它只能透過親證來認識。這一條趨向一元性的存在之路，是要以帶著深度的覺知（明辨的智慧），及捨棄感官對六塵二元性分別的煩惱來達成。經過不斷的精進、努力，淨化心智，當五種感覺器官（眼耳鼻舌身的五根識）都停止了工作，心意（第六分別意識）也完全平靜消融了之後，**理性（第七末那思量識）**也就從其工作中隱退，這樣就是智者們所描述的最高的靈性狀態。

> 2.3.11 「根據瑜伽智者所云，所有的感官已經完全靜止下來的狀態也就是瑜伽。在此狀態中，瑜伽士從來不會犯錯（比如，他不會再被感官享樂所引誘，因為它與自我就是一）。但是，這種瑜伽狀態正如它會顯現一樣，也會消失。」

「瑜伽」——指所有的感官已經完全靜止下來的狀態。在瑜伽狀態中，瑜伽士不會再被感官享樂所引誘，因為它與自我就是一。

> 2.3.13 「首要的是，一個人必須對宇宙大我的存在有所認識。接著，他必須設法親證阿特曼的真實本性。

在這樣的兩類人——即那些相信宇宙大我之存在與匱乏次於信仰的人之間，（其區別就在於，）自我會將自己向前者顯現。」

2.3.14 「當一個人摧毀了他內心的所有欲望，那麼，他就會在此生獲得不死，與梵融合為一體。」

要達到這「我即是梵」的一元性永恆之境，唯一途徑：首先是當成所追求的目標——**對真我的強烈覺知**，其次是禁欲——**踐行棄絕**。這是一個人先對宇宙大我的存在有所認識，他再努力親證阿特曼的真實本性。而這種人在潔淨心靈後，自我會將自己向他顯現。

參考資料

- 斯瓦米・洛克斯瓦南達（2015）。《印度生死書》。聞中譯。杭州：浙江大學出版社。2015 年 4 月第 3 刷。ISBN 978-7-308-12591-8。

第四篇

意識究竟從哪裡來

《意識究竟從哪裡來》這本書探討了神經科學家**達馬吉歐**對於意識來源的科學觀點，以演化的角度挑戰科學界長期以來對這一神秘課題的爭議性看法。長久以來，科學家普遍認為「意識與身體在某種程度上是分離的」，但他對這種觀點提出質疑，以令人信服的科學證據指出，意識乃始於生物體所創造出的一種生物演化過程。達馬吉歐不僅從內省觀、行為觀和神經觀等傳統觀點研究人類心智，還引入演化觀，顛覆了看待和講述意識心智史的方式。他提出了與感覺起源和多樣性相關的大膽假設，這一假設在他所構建的意識生物學框架中扮演了關鍵角色：感覺最初是基於身體和腦部網絡的幾近融合，最早出現於古老且功

能簡單的腦幹，而非近代發現的大腦皮質。達馬吉歐認為，人類腦部發展出的「自我」並在自然環境的挑戰下演化成更為複雜的自我意識，這開啟了文化的誕生之路，標誌著與其他物種在演化過程中的徹底分道揚鑣，也成為社會文化穩定性的根源。此書既然是以神經生物科學的角度探討心識，應該與唯識學的也相似，所以本章節也將用唯識學的理論來解釋各篇的內容。

【17】
神經學上主體
自我的存在位置

道元禪師在其《正法眼藏》的〈嗣書〉篇中強調，「佛佛相嗣」是指七佛是相繼承而展現至今，「比如石相嗣於石，玉相嗣於玉；比如菊亦有相嗣，松亦有印證，皆前菊後菊如如，前松後松如如。」而佛法的傳承是修證這佛性覺智的祖師，「祖祖相嗣」面授而來的。這樣的佛法語言換成科學的說法是：七佛是後佛依著前佛演化遺傳而成的；祖師是依著前面祖師而契證佛道的。所以佛法相信這世界上有智覺的生物也都具有佛性，而且是依著演化的遺傳方式相繼承，只是業障（生物界指的是智覺演化層級）的不同而有物種類間不同的表現。

而本書《意識究竟從何而來》作者——安東尼歐・達馬吉歐，根據近些年來神經科學對人類心智與自我的研究，

提出意識演化理論的個人見解。一般神經生物學在意識心智方面的多數進展，都建立在三個觀點上：(1)目擊者觀點；(2)行為者觀點；(3)大腦觀點（page 24）。但作者提出了第四個觀點，此觀點得在觀察及敘述意識史的方式上做出徹底的改變。此將生命運作規則轉變為自我和意識的支柱和正當理由的概念，指出了一條通往這個新觀點的路徑：在演化的歷史中找尋自我和意識的先驅。而「演化帶給生命不同類型的腦」（page 42）的神經科學發展，也與佛法對人類智覺（八識）是由演化遺傳而來的說法是不謀而合。

在《奧義書》的法教中，《白騾氏奧義書》（五，5.8）說：「自我在心靈的虛空裡被覺知。此空間細如拇指，然而，自我卻耀如日光。」，又如《白騾氏奧義書》（三，3.13）說：「它細微如拇指，卻龐大若宇宙。作為萬物最本質的存在，它居住在萬物的心中。它是知識的根源，它藉著起伏不定的心念顯現自己。」所以從古老的宗教修行體證，也認為：自我是在身體的「細微如拇指」空間裡，而這樣的說法也正符合人體生命中樞——橋腦與延腦的結構。

作者在此書《意識究竟從何而來》中，提出與傳統和

常規相左的說法，認為心智不是只形成於大腦皮質中（page 92）。心智最先是顯現在腦幹中。此觀念和初期感覺形成於腦幹的觀念，兩者乃是一體的。兩個腦幹神經核——孤立徑核和臂旁核，與心智基本面向的形成有關，這些基本面也就是由進行中之生命事件所引起的感覺，包括那些被描述為痛苦和愉悅的感覺。這些感覺極可能是心智的原始構成要素，以來自身體自身的直接訊號為基礎。有趣的是，它們也是自我之原始、不可或缺的構成要素，並且構成了對於心智的最初啟示——即它的生物體是活著的。作者的「心智形成於腦幹」見解與《奧義書》的法教是不謀而合的。而且「感覺是心智的原始構成要素」說法，也與唯識學中「心王必與心所法相併起」的法教是一致的。

　　作者從神經學的研究來看「心智的起點」，提出三項證據來源（page 94）。首先腦島皮質（insular cortex）確實參與處理多種感覺的過程，從那些伴隨情感而來的感覺到那些表示痛苦和愉悅的感覺，這些感覺被簡稱為身體感覺（bodily feeling）。但在單純皰疹腦炎患者，損害兩側腦島之後，痛苦和愉悅的感覺仍在。作者提出的見解是：在缺

乏兩邊腦島皮質的情形下，痛苦和愉悅的感覺出現在腦幹神經核（孤立徑核和臂旁核）中，而這兩者都是身體內部訊號的合適接收者。

腦幹這兩個神經核是內部訊號傳遞的前端，會透過視丘核將訊號發送到腦島皮質。腦幹神經核是提供基礎的身體感覺層級。腦島皮質是把基礎感覺做更大程度的差異化，而且腦島皮質能夠將這些差異化的感覺，與其他以腦部區域活動為基礎的認知面相相聯繫。除了腦幹這兩個神經核外，在這結構附近有複雜的神經核組——中腦環導水管灰質區（periaqueductal gray nuclei, PGA），由許多次級單位組成，是防禦、侵略及疼痛處理有關之各種情緒反應的發起點。笑和哭，憎惡或恐懼的表達，以及在恐懼情境中僵住或逃跑的反應，全都是由 PGA 發起。

在無腦症——又稱積水性無腦症（hydranencephaly）病例中，是有腦幹，但無大腦皮質。患者意識清醒，並且能表現出行為。他們能和照顧者溝通並和世界互動，明顯擁有某種程度的心智活動。無腦症患者，不管是聽到或看到什麼，都是在皮質下完成的，且極可能是在保持完整的

丘核（colliculi）中。不管是感覺到什麼，都是透過保持完整的孤立徑核和臂旁核在皮質下完成，因為無腦症沒有腦島皮質或初級和次級體感覺皮質可協助這樣的任務。他們所產生的情緒必定是中腦環導水管灰質區中的神經核所觸發執行，而這些神經核控制著情緒的面部表情。所以無腦症患者生命過程的運作，由完好無損的下視丘（位於腦幹正上方）支撐，並受到完好無損的內分泌系統和迷走神經網絡協助。所以，無腦症患者的女孩，在青春期依舊會有月經來潮。

第三項證據是關於上丘（Superior colliculi）的發現，上丘是頂蓋（tectum）的一部分，此區域與中腦環導水管灰質區之神經核密切相連，也與孤立徑核和臂旁核間接相連。上丘為人熟知的是其對視覺相關行為的涉入，但其特殊的結構鮮少受到研究。上丘共有七層，第一到三層是「表層」，而四到七層則為「深層」。所有進出「表層」的連結都與視覺有關，用於建構視覺世界的地圖。而上丘的「深層」包含聽覺和體感覺訊息——來自脊髓以及上視丘，用於建構腦的地圖。這三種不同的地圖——視覺、聽覺和體

感覺，都是空間性的。這意味著它們是以精確方式堆疊而成，以至於從一幅地圖可以得到訊息是多重的，因而可以達到更有效率的整合。此外，上丘會產生伽碼波段的電震盪，此現象被認為與神經元的同步活化有關。至今為止，上丘是大腦皮質外已知唯一顯示出伽碼波段電震盪的腦部區域。

　　由以上這些證據，心智的一些發端也許可在腦幹周圍的神經核網絡結構裡找著，而自我的發端可能也在此。

【18】
意識心智的建立

　　我們從唯識學知道，修行人於修證過程可以經驗到八識的識體變化。而這識體（心王）之所以會被覺知道，主要是因識體必定伴隨著心所法呈現，如五遍行法——觸、作意、受、想、思。例如當感官耳根接觸到雷聲時，會在耳根識與異熟識（即阿賴耶識，與五遍行心所法相應）處依這音觸緣起「思」的「雷聲圖像」（法相）。接著依識的思量能變轉成第七我執識，「思」的「雷聲圖像」被賦予「我」的主體感受（即處在「雷聲圖像」即是「我」的狀態）。此第七我執識有四根本煩惱（我癡、我見、我慢、我愛），以及五遍行心所法與八大隨煩惱（掉舉、昏沉、不信、懈怠、放逸、失念、散亂、不正知）相應。接著這個「雷聲圖像」的「我」經分別能變轉成第六意識，此時「雷聲圖像」與「我」圖像就能所分離，經六根識的互用而有

「我看到雷聲」或「我聽到雷聲」的感受。此分別能變的第六意識與五十一種心所法相應。

而從《卡塔奧義書》（三）的法教得知，感官的外來訊息會形成對象的「圖像」，此「圖像」會匯入「人的心意」（即第六意識）。而操控這「圖像」的背後有「大我」（即第七識的「自我」），而「大我」的背後有「未顯現者」（即第八阿賴耶識），且此「未顯現者」的背後有「宇宙大我」（即梵。或稱佛性識）。而從《白騾氏奧義書》的法教知道，人在覺知事物的當下，是「享受者、享受對象與享受，亦即個體自我、原質、宇宙自我三者，與梵乃是一體。」且阿特曼（個體自我）的形成，是隱藏於摩耶與其三德——薩埵（喜德：使心光明、輕快與歡喜）、羅闍（憂德：使心活耀、散亂與躁動）和答摩（暗德：使心遲鈍、無力與昏暗）。

所以，從古老智慧所說的「意識」（以下用「意識」，代表人類覺知事物的識體，非單指第六意識）作用，是由多重的轉變而成的。而且每一重的轉變過程，會有其相應的情緒反應（或稱感覺，即相伴心王的心所法）。有趣的

251

事，從《意識究竟從何而來》作者所提出的「意識」心智的建立，似乎也循著這個方式。從神經學的角度來看，是演化的力量帶給了生命不同類型的腦。有個觀點眾所周知但未被普遍接受：生物早在擁有心智之前，就已展現高效率並具適應力的行為，這些行為不管從哪個角度來看，都類似於擁有心智與意識活動的生物所產生的行為。事實證明完全無腦的生物，即使低等的單細胞如變形蟲、草履蟲，似乎也能展現有智力、有目的的行為（page 44）。而許多昆蟲雖沒有明顯的腦組織，卻也能出現需有複雜心智的社會化行為。所以，生物行為在簡單生命形式組成的世界裡，雖缺乏心智與腦部，它們仍可以無意識、無心智活動的方式做出適當反應的行為。

這書作者提出的觀念，藉著強調「使低等生物的生命管理的隱密知識，是演化上先於任何這類知識的意識經驗，從而翻轉了對意識之傳統理解的敘事順序」（page 48）——即傳統認為精密的生命管理背後，那些態度、意圖和策略是起源於大腦和複雜的意識心智，這是有待商榷的。所以作者依著證據所提出的理論，是在演化的歷史中找尋

自我和意識的先趨。在單細胞及低等無神經組織生物，其對生存的「渴望」、「意願」使它們擁有一種在行為上的「態度」，這種稱為「意向性」生命管理模式。而多重組織生物因有形成圖像功能的神經網絡聚合——離散區（convergence-divergence zones/regions, CDZs/CDRs）的神經迴路及腦組織的演化（page 167），這種稱為「圖像性」生命管理模式。在更高級的哺乳類如人等，則將「意向性」與「圖像性」生命管理模式結合，而產生出更有優勢的記憶、語言、反思和推理的功能。

　　作者認為單純圖像所產生的心智是無意識的。而這需要有個主體性的——**「自我」**，而這主體性的定義特徵是：普遍存在於我們主觀經驗到的圖像中的感覺（即所謂相伴於心王而起的心所法）（page 18）。作者認為在自我的許多層級（原我、核心自我、自傳體自我）中，最複雜的層級容易遮蔽較簡單的層級，使得心智被知識的蓬勃展示給占滿。意識心智的演化是從最簡單的「意向性」生命管理模式，而這種「意向性」轉換成**「原始感覺」**的呈現。意向性的**「原始感覺」**擁有個明確的特質，一個價（valence），

位在介於愉悅和痛苦之間的某處（page 215）。「**原始感覺**」是生物體與外界互動所形成的所有感覺的基礎，是所有情緒感覺的原始樣態。重要的是，「**原始感覺**」是由意識心智的「原我」所產生的。

　　研究意識心智的深處時，發現它是由不同圖像混合而成的。這些圖像中的一組圖像描述了意識中的「對象」（即主角、我執識），其他圖像則描述「受格我」（即四根本煩惱——我癡、我慢、我見、我愛）。「受格我」包括（page 216）：

　　(1)觀點：對象被繪製成地圖時所採取的（即我的心智在觀看觸摸聽見……等時擁有一個立足點，而這個立足點就是我的身體）。（即第七我執識——我癡煩惱）

　　(2)所有權：感覺到在心智中被描繪出來的對象是屬於我，而不屬於任何其他人。（即第七我執識——我慢煩惱）

　　(3)能動性：感覺到我擁有與對象相關的指揮權，我的身體所執行的行動是由我的心智所指揮。（即第七我執識——我見煩惱）

　　(4)原始感覺：表示我活著的身體存在，這與對象如何

或是否占用身體並不相關。（即第七我執識──我愛煩惱）

　　將這四個要素一一集合起來，就會構成一個簡單版本的自我──「原我」。當這個自我集合的圖像與非自我對象的圖像一同展開時，意識心智便出現了。

【19】
意識形成中的自我轉變

　　作者認為建構意識心智的基本成分是覺醒狀態和圖像。腦部是在透過清醒的心智中，應用圖像產生自我過程而建構意識。所以覺醒狀態和心智，是意識不可或缺的構成要素，但自我是其特殊元素。就覺醒狀態而言，它乃是依賴腦幹被蓋部（tegmentum）和下丘腦中的神經核——「上行網狀活化系統 ARAS」（ascending reticular activating system），持續放電至視丘的板內核，而此神經核又接著放電到大腦皮質等廣大區域（page 283）。這些神經核運用神經以及化學的迴路，使腦幹的「原我」結構和大腦皮質的警覺性要不是降低（產生睡眠），或是加強（產生覺醒狀態）（這也即是第七我執識相應的八大隨煩惱心所法——掉舉、昏沉、不信、懈怠、放逸、失念、散亂、不正知）。所以，腦幹的覺醒狀態神經核在解剖學上是接近腦幹的原

我神經核，因為這兩組神經核都參與了生命調節工作。

「原我」是建構「核心自我」必須的跳板，它是大量不同神經模式的整合體。而這些「意向性」生命管理神經模式，會時時刻刻地將生物體結構的最穩定面向（即「內部衡定」internal homeostasis）繪製成地圖。原我不僅產生出結構的身體圖像，也產生出感覺的身體圖像（原始感覺）。原我包括：**主要內感覺地圖**（master interoceptive map）、**主要生物體地圖**（master organism map），以及**外部指向之感覺門戶的地圖**（map of the externally directed sensory portals）（page 221）。從解剖學立場來看，這些地圖產自腦幹和皮質區域。

「**主要內感覺地圖**」是一些地圖和圖像，內容來自內環境和內臟的感覺訊號所組成。當生物體的內部生理「衡定」狀態發生改變時，組織會產生內感覺訊號表示生理修正的需要，比方說在我們心智中的具體化訊號，如冷暖、飢餓或口渴的感覺。這些訊號是在上腦幹某些神經核中組裝、修正完成，除將訊號傳至大腦皮質，也有能力產生回應的行動機制。這個回應決定機制的運轉，就促成了原始

感覺的建構。原始感覺是腦幹神經核特殊組織結構的產品，也是其與身體「衡定」作用所形成之牢不可破迴圈的產品。所有由於對象與生物體互動而造成情緒的感覺，都是進行中原始感覺的變樣。內感覺是在發育初期就已出現，並連貫童年、青春期得特殊變化，是相對不變性的，而此不變性是建立自我的某種穩固支架所必需。主要內感覺系統在腦幹中的主要綜合神經核——即孤立徑核、臂旁核和下丘腦中的神經核。

「主要生物體地圖」是描述一個全身的架構，構成要素要包括處於靜止的頭、軀幹和四肢。身體的運動是以這個圖為背景而被繪製成地圖。主要生物體地圖在發育期間發生非常劇烈的變化，因為此圖描繪的是肌肉骨骼系統及其運動。這地圖在學步兒童、青少年和成人身體明顯差異大，所以並非構成原我所必需之單獨性的理想來源。身體的感官（如眼、耳、鼻、舌、身）及其周圍之組織，這樣一整套的身體結構構成了所謂的「感覺門戶」。「外部指向之感覺門戶的地圖」扮演著雙重角色，第一重是觀點的營造（是自我的主要面向），接著是心智質性面向的建構，

即是包括了主要感官（如眼、耳）及感官周圍之身體結構的互動資訊。位於圖像製作資料蒐集處附近的感覺門戶，提供一個心智與對象相關的生物體觀點。因這是屬於生物體結構，故也是屬於原我（page 227）。

「核心自我」的建構重要性是心智中主角的建立。由原我中身體地圖的「感覺門戶」訊號出現（如「聽」到鐘聲、「看」到鐘聲）與對象間的觀點營造出「能感覺與被感覺」的二元性對立關係，就在心智的內容中取得一個主角——**「物質的我」**（page 235），且這個主角乃是一致地連結到某些既有的心智內容時，主體性就開始成為此過程中固有的一部分。也就是先專注於這個主角的開端，知識就凝集於這必要的端點元素。所以原我每當遇到一個對象時，就會被這個相遇改變，這是為了要將這個對象繪製成地圖與情緒感覺，以便隨時進行生命的管理。而這原我的改變揭開了核心自我的短暫創造序幕，也啟動原始感覺的轉變和對這對象的注意力標記（page 234）。所以固定在原我與其原始感覺中的核心自我機制，乃是產生意識心智的核心機制，而人類的「自傳體自我」也只能透過核心自我機制建

立起來。已知原我的部位，即腦幹、腦島皮質和體感覺皮質之涉及身體圖像製作的區域。而「核心自我」的工作主要是對這些圖像進行整合與修正，所以可能的位置在上丘腦的深層組織或視丘的聯合神經核區。

「自傳體自我」的自傳內容，即是個人記憶、過去生活經驗和為未來做計劃的總和。自傳體自我是一種以有意識的方式呈現自傳，但被學習知識、歷史文化和社會經驗所塑造著。當「核心自我」處於運作狀態，會左右著自傳體自我的表現，使自傳體自我過著雙重人生。自傳體自我一方面可以是明顯的，在社會價值上最高貴、人性面上構成意識心智；另一方面也可以是伏蟄的，依其遺傳性的原我和核心自我的個體性價值傾向，等待輪到表現個體性價值傾向的活躍機會（page 243）。就神經學的角度來說，歷史記憶的建築和重建工作，都是隨著年歲的流逝被微妙的改寫著，且大部分都發生在無意識過程中。它是運用聚合──離散的神經迴路構造，將意向空間中的編碼知識訊號轉變成圖像空間中明確、解碼的展示。「原我」的神經學機制大部分位在腦幹層級，而構成「自傳體自我」的圖像

記憶是在大腦皮質，透過此處的工作空間協調記憶的召喚機制。而扮演此大規模系統協調的角色，可能有視丘、左右大腦半球、帶狀核（claustrum）及後中皮質（posteromedial cortex）。

所以作者認為人類的意識需要大腦皮質，也需要腦幹。腦幹負責生物體生命衡定狀態的「意向性」需求管理，並透過原我、核心自我和自傳體自我的轉換，將生命管理的能力擴大到「圖像性」模式，而產生出更有優勢的記憶、語言、反思和推理的功能。

參考資料

● 安東尼歐·達馬吉歐（2012）。《意識究竟從何而來》（*Self Comes to Mind*）從神經科學看人類心智與自我的演化（Constructing the Conscious Brain）。陳雅馨譯。台北：商周出版社。2012 年 4 月 12 日初版。ISBN 978-986-272-136-0。

第五篇

心靈的復活

　　「末世」，有二層意義，一是地球崩壞的不適合生命生存，二是肉體崩壞生命即將結束的到來。「尋道者」，是指願意面對肉體生命的即將結束，而尋求解決之道的人。從《奧義書》、《唯識學》的古老智慧知道，心識在物質生活層面上的活動，因為自我意識的撿擇，對物、境的覺知是不完整的，而且易落入追逐物質來肯定自我的存在。然而物質會隨著時間崩壞，識心生命總是要面對這個肉體崩壞問題。由這些理論知道，心靈淨化與存在層次的昇華，決定於「諸惡莫作，眾善奉行」的身口意行儀，使識心的白法功德增上。而且深層的識心中，有親證自我與物、境的能力。能獲得這種智慧與親證這種存在，是《奧義書》

中所說的，有成就的婆羅門（修行智者），理應前往的是天界、梵界，不應該交給死神閻摩。亞伯拉罕一神教也皆認為，接受耶和華的旨意而在人間遵行，可得以升入天堂和耶和華同在，天堂是「上帝與我合一」的法界。探討這種一元性識心的活動，即是面向心靈的覺醒、復活。

【20】
四禪定的心靈修煉

（出世法、難行道，易去我執）

（一）前加行

精進尋道者，應受持諸戒、善閉根門、飲食知節、遠離憒鬧。於空閒處靜坐修禪（《雜阿含經》卷 29 第八〇一經）。【離】外五塵，達「言語寂滅」，即得初禪正受（《雜阿含經》卷 17 第四七四經），而入初禪。（由安那般那專注心於一境）

（二）初禪

五支（特性）：覺、觀、喜、樂、心一境性

有四地：一者五識身相應地。二者意地。三者有尋有伺地。四者無尋唯伺地。

入初禪則【斷】外五塵，修【離】內五根，圓滿【成就】根識的功德。

根識的弊病是：覺觀（尋伺）散亂。← 以「數息觀」對治，成就專心一境。【轉】根識為「成所作智」。

修遠離內五根，可斷見惑三結（身見、見取見、疑見），得「**須陀洹**」。或死亡後轉生「**梵眾天**」。或再深入禪定，達「覺觀寂滅」，即得二禪正受（《雜阿含經》卷 17 第四七四經），而入二禪。

初果聖人由於斷三結，絕對不會輪迴到惡道去，並且最多天上人間來回七次生死，最後一生必證阿羅漢果。

（三）二禪

四支（特性）：無覺觀、喜、樂、一心

有四地：五者無尋無伺地。六者三摩呬多地。七者非三摩呬多地。八者有心地。

入二禪則【斷】內五根，修【離】五根識，圓滿【成就】第六意識的功德。

第六意識的運作是由，大腦的皮質區（意識分別作用）

與邊緣系統（負責飲食、睡眠、性慾的生理衝動中樞）。是造成貪瞋癡、十惡業（身三、口四、意三）的主因。即此意識造作的惡業根本，是對五陰身的貪念所造成。← 故其對治應修三十七道品，成就戒定慧的功德。以「不淨觀」對治五陰身的貪念。【轉】第六意識為「妙觀察智」。

修遠離五根識，可斷見惑三結及前六品的思惑，得「**斯陀含**」。或死亡後轉生「**光音天**」。或再深入禪定，達「喜心寂滅」，即得三禪正受（《雜阿含經》卷17第四七四經），而入三禪。

與初果須陀洹相比，二果除了擁有初果的三個特質（斷我見、斷疑見、斷戒禁取）之外，再加上薄「貪、瞋」的特點。得斯陀含果的聖者，不會投生三惡道，其定力與修行也不會退失，至多在天界與人間往返一次，就可以得到解脫。

（四）三禪

五支（特性）：捨、念、樂、慧、一心

有七地：九是無心境地。十是聞所成（受）境地。

十一是思所成（想）境地。十二是修所成（行）境地。十三是聲聞（二元性識）境地。十四是獨覺（一元性我執識）境地。十五是菩薩（一元性大我識）境地。

入三禪則【斷】五根識，修【離】第六意識，圓滿【成就】第七末那識的功德。

第七末那識有四根本煩惱（我痴、我見、我慢、我愛）。應修慈、悲、喜、捨的四無量心來對治。以「慈悲觀」對治末那識的我執。【轉】末那識為「平等性智」。

修遠離第六意識，可斷五下分結（貪、瞋、身見、見取見、疑見），名**離關鍵**（《雜阿含經》卷15第三八七經），得**無門**（《中阿含經》卷54第二百經）。得「**阿那含**」。或死亡後轉生「**遍淨天**」。或再深入禪定，達「出入息寂滅」，即得四禪正受（《雜阿含經》卷17第四七四經），而入四禪。

「阿那含果」的標準是斷「身見、戒禁取、疑、貪、瞋」（這五項稱為五下分結），只剩下癡——無明；深層的我慢之類的煩惱尚未斷盡。這一類的聖者他們不會再來人間了，最多往生天界後，即在天界成就解脫（阿那含的義譯

即為「不還」）。

（五）四禪

四支（特性）：不苦不樂、捨、念、一心

有二地：十六是有餘依（依真如緣起的無我賴耶識）境地。十七是無餘依（白淨識）境地。

入四禪則【斷】第六意識，修【離】第七末那識，圓滿【成就】第八阿賴耶識的功德。

第八阿賴耶識的問題是，無明念想生滅如暴流。應修中觀的「緣起觀」及唯識的「無常觀」來對治念想的生滅。以「明想」來對治「無明想」。【轉】阿賴耶識為「大圓鏡智」。

修遠離末那識，可斷五上分結（色愛、無色愛、掉舉、慢、無明），得**聖智慧鏡、無生**。得「**阿羅漢**」。或死亡後轉生「**果實天**」。或再深入禪定，達「色想寂滅」，即得空入處正受（《雜阿含經》卷 17 第四七四經），而入空入處。

【21】
奧義書的心靈修煉

《白騾氏奧義書（二）》

2.2 蒙受熠熠生輝的日神之恩典，我們將自己得心靈指
　　向宇宙自我，我們需進行冥想，或類似能與宇宙自
　　我合一的練習。我們需竭力專注於斯。

在《奧義書》觀念，每一種感官（六根）是由一位神（根
識）掌管，如火神掌管眼睛，而這些神祇都依序受日神（第
六意識）統治。這是冥想前收斂六根身心的法教。這是奧
義書教導的宗旨：「**踐行棄絕和對真我的強烈覺知**」的第
一步：遠離六塵的六根對外棄絕。

2.3 願日神扶正我的心靈轉向宇宙自我，使得我所有的
　　感官，也因此而指向它！願日神給予這些感官以其
　　所需的辨別力，以認識輝煌的自我！

《奧義書》的第二步教導是身心轉向，面對內在的「對真我的強烈覺知」。而這對內的轉向需要智慧的引導，故《奧義書》教導依日神的禱告，使自己身心收斂向內，在心智不受外擾的清明中生起智慧。

> 2.4 所謂婆羅門就是能夠將其心靈與感官專注於宇宙自我的人。他們應該對偉大的、遍在與全知的日神致以無盡的謝忱。日神智慧獨一，亦是因了它的激勵才令這一切得以發生。

《奧義書》的「婆羅門」是指已經能收斂身心向內，使心靈與感官專注於宇宙自我的人。這種有智慧的聖人，是已經能教導別人奧義書的法門，故世俗用以通稱有學問的祭司、學者。

> 2.5 哦，諸根與諸神啊，讓我們一起向你致敬。願這些讚美的頌詞藉著智者的仲介傳遍大地！願你們所有永恆喜樂的兒子，以及身處光輝領地的安居者，側耳細聽。

這是六根斷六塵進入冥想的下一步：六根與諸神的結

合（即六根與六根識的結合，是初禪境地，有五支：覺、觀、
喜、樂、心一境性。見前**四禪定**修行）。

> 2.6 那裏有摩擦生起的火焰，那裏的風不見蹤影，那裏
> 的蘇摩酒流溢而出。人們發覺，與其將大腦忙於外
> 部世界的營造，不如向內專注於自我。

這火焰是第六意識的「喜」支。此時已進入冥想的下
一步，「風不見蹤影」的無覺觀境地。（這是二禪境地，
有四支：無覺觀、喜、樂、一心。）

> 2.7 一位靈性尋道者應去尋獲日神莎維塔的恩典，它是
> 諸界的源頭。他還應該專注於對永恆之梵的冥想，
> 這將把他自社會性的利益追逐與塵世的束縛中解脫
> 出來。

這裡《奧義書》教導尋道者應去尋獲日神（即專注突
破第六意識的二禪頂天），它是諸界（指六道欲界）的源
頭。因為通過日神的專注，在對梵的冥想，將獲證梵我一
如。（這是三禪境地，有五支：捨、念、樂、慧、一心。
三禪的修習是名離關鍵，得無門。得「阿那含」。所處是

第七末那我執識的一元性大我境地。）

> 2.2.3 《奧義書》的知識（般拿婆的信息）就如同一把弓，
> 而個體靈魂則是弓上的箭矢，用冥想將這把箭削
> 尖，然後使勁拉開這把弓——也就是說，將心意
> 從塵世的念頭中撤出——瞄準梵，因它就是你的
> 目標，以這心意把梵射穿。

> 2.2.4 唵是弓，個體靈魂是箭，而梵就是箭所要發射的
> 目標。不能有絲毫差錯，這個目標必須被擊中，
> 當事情一成，箭矢與箭靶就合二為一。也就是說，
> 個體靈魂必須與宇宙靈魂合一。

這裡《奧義書》的教導是提供一個親證自我的方法，
是用般拿婆（即「唵」音）當曼陀羅，此一詞的意思就是「獲
得本質」或「具有本質之物」。修行者斷絕六塵，集中心
力於這一「唵」音上，當親證心法一如的當下，你會融入
「唵音就是我」的自覺中。這古老的法門，以「唵」音當「話
頭」參，正是佛法所說的——「此方真教體，清淨在音聞」。
這種冥想打坐方法，並是以「唵」音為心一境性的引導。

這點不同於佛法是僅以數息觀入手。

2.9 任何一位瑜伽練習者必須細緻斟酌何者應做、何者不應做。他應該以巨大的努力控制好呼吸，只有當他疲倦時才可以暫歇其呼吸練習。調伏心意猶如訓練野馬馱車，智者正如馱手，必須控制他的心，並使其穩定。

依著方法精進、不放逸是入道的不二法門。

2.10 該地應該平穩、聖潔；沒有卵石、火和沙礫；沒有雜音，遠離塵囂；不要太靠近湖泊與各種水源；須另身心愉悅，不使人生起反感；應如洞穴，俾能躲地強風。練習瑜伽就選擇這樣的所在。

練習瑜伽的適宜之所要審慎選擇。

2.11 在經驗到梵之前，瑜伽士會逐漸看到下面的一系列兆相，此亦為經驗的提示：雪片、煙霧、太陽、風，還有火焰、螢火蟲、星光、水晶和月亮。

在達「梵我合一」的一元性境地之前，各個階地都可能因六根與根識的作用，尤其是第六意識會出現各種獨頭

意識的分別影像，修行者應謹慎面對，不可執著。

> 2.13 身體輕盈，疾病不生，擺脫貪欲，容光煥發，聲音
> 甜美，香氣襲人，排泄減少——這些都是成功瑜伽
> 士的最初兆相。

這些是《奧義書》的指導，成功瑜伽士的最初兆相。
（而成就三禪境地是圓滿的第七末那識，是轉四根本煩惱
我癡、我見、我愛、我慢，成為四無量心的慈、悲、喜、
捨。）

> 2.14 正如一塊染污的黃金，當其潔淨之後，仍然恢復其
> 原有的華彩。同樣道理，若是一個人親證其『小我』
> 就是自我之時，他就會明白自己已然抵達目標，於
> 是，他超越了悲傷。

當一個人親證「梵我合一」當下，就明白一元性的存
在與二元性的差別。

> 2.15 一位瑜伽士的自視，猶如明燈自照。他也十分清楚
> 自己與梵乃是一體。其結果就是超越了生死，超越
> 了輪迴。他擺脫了因無明而來的誘惑，既然已經認

識了自照發光的自我，他就從各種無明桎梏的影響
中擺脫出來。

這教導就像是一位行人知道甚麼是危險、深淵，腳步
不再踏錯。瑜伽士也將依著一元性的行業，不再造作業因，
就不再有生死果報。

2.16 這宇宙自我，這至尊的主人，它遍及全地，存於四
方。它既是梵的首現者，又恆藏子宮。它既誕生於
過去，也誕生於未來。萬有的臉都是它的臉，所有
的存在都是它的存在。

2.17 這發光的宇宙自我存在於火中，水中，植物中，也
在巨大的菩提樹裡。簡言之，同一位自我瀰漫於整
個宇宙。我們向這位自我致敬，再致敬。

親證這「梵我合一」的宇宙自我時，瑜伽士會有「盡
界是我」的一元性無我（主客相）、無人（內外相）、無
眾生（遠近、高低、大小、長短、強弱……等相）、無壽
者（時間相）圓滿自覺。

【22】
四福音的心靈修煉

（入世法、易行道，難去我執）

（《約翰福音》17.1-26）耶穌說了這話，就舉目望天說：「父阿，時候到了。願你榮耀你的兒子，使兒子也榮耀你。正如你曾賜給祂權柄，管理凡有血氣的，叫祂將永生賜給你所賜給祂的人。認識你獨一的真神，並且認識你所差來的耶穌基督，這就是永生。我在地上已經榮耀你，你所託付我的事，我已成全了。父阿，現在求你使我同你享榮耀，就是未有世界以先，我同你所有的榮耀。你從世上賜給我的人，我已將你的名顯明與他們。他們本是你的，你將他們賜給我，他們也遵守了你的道。如今他們知道，凡你所賜給我的，都是從你那裏來的。因為你所賜給我的道，我已經賜給他們。他們也領受了，又確實知道，我是從你出來的，並且信你差了我來。我

為他們祈求；不為世人祈求，卻為你所賜給我的人祈求，因他們本是你的。凡是我的都是你的，你的也是我的。並且我因他們得了榮耀。從今以後，我不在世上，他們卻在世上，我往你那裏去。聖父阿，求你因你所賜給我的名保守他們，叫他們合而為一，像我們一樣。我與他們同在的時候，因你所賜給我的名，保守了他們，我也護衛了他們，其中除了那滅亡之子，沒有一個滅亡的，好叫經上的話得應驗。現在我往你那裏去；我還在世上說這話，是叫他們心裏充滿我的喜樂。我已將你的道賜給他們。世界又恨他們，因為他們不屬世界，正如我不屬世界一樣。我不求你叫他們離開世界，只求你保守他們脫離那惡者（或作脫離罪惡）。他們不屬世界，正如我不屬世界一樣。求你用真理使他們成聖。你的道就是真理。你怎樣差我到世上，我也照樣差他們到世上。我為他們的緣故，自己分別為聖，叫他們也因真理成聖。我不但為這些人祈求，也為那些因他們的話信我的人祈求。使他們都合而為一。正如你父在我裏面，我在你裏面，使他們也在我們裏面。叫世人可以信你差了我來。

你所賜給我的榮耀，我已賜給他們，使他們合而為一，像我們合而為一。我在他們裏面，你在我裏面，使他們完完全全的合而為一。叫世人知道你差了我來，也知道你愛他們如同愛我一樣。父阿，我在那裏，願你所賜給我的人，也同我在那裏，叫他們看見你所賜給我的榮耀。因為創立世界以前，你已經愛我了。公義的父阿，世人未曾認識你，我卻認識你。這些人也知道你差了我來。我已將你的名指示他們，還要指示他們，使你所愛我的愛在他們裏面，我也在他們裏面。」

以下是耶穌基督為一元性（即上帝與我同在、我在上帝裡合一、梵我一如）福音門徒的禱告內容：「上帝（大我）啊！因緣時節已經到了，祈求您讓我的靈體能脫離肉體的束縛，回歸一元大我（上帝）的國，復活得到永生的榮耀。這樣我為您所傳揚大我（上帝）國的一元性福音，也將因我復活的榮耀而使人們更仰望您的一元性國度。正如您曾為我所安排的因緣，以一元性思維的福音帶領您賜給我的門徒。這些門徒雖是受陷於物質肉體的二元性運作，但一元性思維的福音改變了他們，使他們能透過一元性思維運

作的『信心』來認識大我（上帝）的國，因此他們的靈體也就有永生的機會。透過這一元性思維的運作，他們將知道大我（上帝）是唯一的一元性境界，也知道道成肉身的我是來自大我（上帝）的國，是永恆的真生命。我即將完成此段物質二元性世界，您所安排的因緣，使一元性性福音能傳揚大我（上帝）的國，使人們更仰望您的一元性國度。

　　大我（上帝）啊！祈求您讓我的靈體與您大我（上帝）的體融合一體，就像是在創世紀初一樣，那時您是體、我是用，我們體用一如的創造這萬事萬物。您在這二元物質世界安排的門徒因緣，我已經將您大我（上帝）的一元福音訊息告訴他們了。這些門徒雖然是受陷於物質世界的二元思維，但現在他們都知道是您安排的因緣，他們能接受此一元性福音，也知道這福音是來自大我（上帝）的國。我為這一元性福音的門徒祈求，而非為執著於物質二元性運作的世人祈求，因為這些門徒已經接受了一元性福音的思維，他們的靈已經可以當作大我（上帝）的選民。我的靈即將回歸大我（上帝）與您一體，這『是我所有的都是

你的，你所有的也是我的』。而我是藉著這些門徒完成您所安排的工作的，彰顯一元性福音的大我（上帝）的國。然而我即將離開這物質世界，回歸您屬靈的境界，留下這些仍受陷於物質二元性運作的門徒。大我（上帝）啊！祈求您的安排，藉著您所給我代表我的「名相」的「耶穌基督」，能使他們合而為一，就像我們合為一體一樣。

我的肉身跟門徒同在這二元性物質世界時，我是依著您安排的名相，『耶穌基督』，來聚集他們，教導他們。（因為二元頭腦的運作是透過名相的，他們無法以一元性思維運作接受真相），也應驗您給先知的話，『除了那滅亡之子，沒有一個滅亡的』。現在我要回到您大我（上帝）的國，我將您大我（上帝）國的訊息告訴他們，是要他們知道依著我一元性福音的教訓，他們可以跟我在大我（上帝）國的聖靈連結，因為這樣的連結可以帶給他們平安喜樂。我已將您的一元思維福音傳給他們，但也因此他們就像我一樣，不再屬於這物質的二元性運作世界，這二元性思維的人將瞋恨他們。我不祈求您使他們離開這二元性物質世界，只求您因緣安排他們能遠離二元性運作的罪惡，因為他們

依著一元性福音思維，他們就不再屬於物質二元性運作的世界，就像我一樣是依著大我（上帝）的運作。祈求您用大我（上帝）的一元性運作，使他們也能心靈與肉體依著一元性思維而行，脫離二元性物質運作的束縛。為了他們的緣故，我在您因緣安排下降生人間傳揚福音，將自己奉獻給大我（上帝），這也將使門徒他們依著福音奉獻給大我（上帝）。

我不但為門徒們祈求，也為那些因他們一元性福音的話信我的人祈求。使他們都合而為一在『耶穌基督』的聖名之下。就像是在大我（上帝）的國一樣，每個成員都是大我的一部分，是『父在我裏面，我在你裏面』的關係。在他們依著一元性思維運作時，也使他們能感知大我（上帝）的國，這樣他們也會知道『我在他們裏面，你在我裏面』，使他們也在大我（上帝）的國完完全全的合而為一。這樣一元性思維福音的門徒，就如實的知道我是來自於大我（上帝）的國，也知道大我（上帝）的恩典是會延伸到一元性思維福音的運作者。

大我（上帝）啊！願我的聖靈在哪裡，您因緣安排的

一元性福音門徒也能在那裡，因為要使他們看見大我（上帝）的運作。因為我的靈體與您大我（上帝）的體融合一體，就像是在創世紀初一樣。公義的大我（上帝）啊！世間人因陷於物質二元性運作，無法認識你，但我認識你。但因為您大我（上帝）一元性運作透過我的肉身所展現的奇蹟，他們知道我是您派來的，所以我已經把您大我（上帝）顯明給他們認識。我的聖靈仍將繼續這樣工作，使您對我的恩典，透過我的聖靈在他們生命裡，也能在一元性福音思維的運作裡獲得恩典。」

（《馬太福音》20.1-15）因為天國好像家主、清早去雇人、進他的葡萄園作工。和工人講定、一天一錢銀子、就打發他們進葡萄園去。約在巳初出去、看見市上還有閒站的人。就對他們說、你們也進葡萄園去、所當給的、我必給你們。他們也進去了。約在午正和申初又出去、也是這樣行。到了晚上、園主對管事的說、叫工人都來、給他們工錢、從後來的起、到先來的為止。約在酉初雇的人來了、各人得了一錢銀子。及至那先雇的來了、他們以為必要多得。誰知也是各得一錢。他們得了、就埋

怨家主說。我們整天勞苦受熱、那後來的只做了一小時、你竟叫他們和我們一樣麼。

「天國」這個詞在《舊約》中並未出現，而是始於耶穌在《新約》中的引用。由於耶穌是第一位「新約的執事」，因此祂的教導和行為都圍繞在「天國」。在這段經文裡，耶穌基督舉了一個二元性思維的人類牢不可破的錯誤——「做得愈多，所得也愈多」。這是因為人們根本忽略了——「**必須先有得工作**」，這個先決條件，也就是人必須先有被「用」的因緣，才有存在的機會。耶穌基督數落這些二元性頭腦的工人，要知道如果沒有被召入葡萄園工作，不要說沒一塊錢，連被用的機會都沒有，也就是沒有存在的價值的。所以耶穌用「天國葡萄園」的比喻，描述天國、天堂這個「上帝與我合一」的法界，當你希望上帝保佑你能進天堂時，就應該承諾，天堂的任何事，都是你的責任。同樣的，身處地球當人的你，在感恩上帝時，也應該有相同的心—— 地球的任何事，都是你的責任！這就是一元性思維及運作。

在一元性思維及運作當下，各個成員都感恩有因緣為

大我的目的而工作。成員間是互相依賴的，互相支援的關係。因為任何單獨成員的傷害都將會影響全體大我的運作，所以成員的傷害會被認為是大我的傷害。「平等」、「互助」成為任何成員間主動的、積極的、必要的行動。「冷漠」、「競爭」這種思維，是不會在一元性思維下出現的。成員的存在有其因緣的相關性，所以無用的個體在一元性境國度中是不存在的。因此，無用的個體在一元性境國度也得不到支援的。若個體在一元性境國度中漸漸失去他的「用」，也將漸漸失去他存在的因緣性。所以一元性思維的耶穌基督對二元性思維工人的牢不可破的錯誤，甚至動怒；殊不知，能進葡萄園工作是種恩典。況且，在一元性思維下，各成員的獲得大我的支援，是由其必須的「不足」決定，且以「平等」為原則。這即是熱力學第二定律的能量往低溫處流的表現，也是老子的「損有餘，補不足」的智慧。

（《馬太福音》25.40）王要回答說、我實在告訴你們、這些事你們既作在我這弟兄中一個最小的身上、就是作在我身上了。

　　耶穌基督舉個比喻對門徒說明，聖靈在大我（上帝）的運作，會區分有一元性思維運作的與落入二元性思維的二類。若能因認識耶穌基督的福音，而能以「平等」、「愛」、「互助」幫助弱小的，缺乏的成員；那這個人就有福了，因為他已經有大我一元性的思維了，他已經是大我的子民。相反的，若以自我為中心就會遠離一元性的大我（上帝），這種二元性思維掠奪資源而不知助人的，就如同身體的腫瘤；而且這種人會造成大我（上帝）國度的傷害。這種人進不了大我（上帝）的國度，得不到永生的靈體。人可以犧牲任何世間的物質、財富，甚至於自己的身體，但永遠要知道，進大我（上帝）的國度，得到永生的靈體是最重要的。這也是耶穌提出的修行方法；把心轉向弱小兄弟，凡做在他們身上的，就是完成自己的責任！

参考資料

- 華人基督徒查經資料網站。取自 http://www.ccbiblestudy. org/index-T.htm
- 聖經（Bible international.com）。取自 http://www.bbintl. org/indexb5.html

後記

　　「念來即生，念去即死」，生死不過就是念頭的來去之間。從這本書我們知道要面對生死的問題，就要知道「心識」是如何產生運作的。念頭起後，覺識的「理」運作會落入二種方式，見以下表格。面對與解開生死的困惑，是「瑜伽師地論」的重點。雖然我們能知道心識因業力引起識變，因此有六道眾生法相的差異，但眾生如何在生死過程中捨身受身，仍須進一步探討。這個問題涉及佛向上事的真如法界，以及眾生的法報化三身。佛教晚期的大乘經典，大都接受「眾生具有佛性，皆可修行成佛」的理論，如《圓覺經》說：「一切眾生本來是佛」，《六祖壇經》更說：「於自色身，歸依清淨法身佛。於自色身，歸依圓滿報身佛。於自色身，歸依千百億化身佛。」所以探討進一步的問題，應該是從眾生的「自色身」著手。眾生如人類，所依的器世間（地球、宇宙）真如法界，涉及的是宇宙創生學與物理科學的知識；而其所具有的法報化三身，涉及的更包括生物科學與演化理論。這些問題都將於第二本書《保惠講堂（二）：**唯識學與物理學的統一**》中討論。

	二元性的理	一元性的理
我	個體我、小我，「我是我、你是你」，有「我、人、眾生、壽者」四相。	全體我、大我，「人人是我、我是人人」，無四相分別。
我的	我的是我的、你的是你的。	我的、你的都是我們的。
心境	以我為中心，不能同理他人，以為自己隱藏的事，不會被揭露。	以同理心相待，凡隱藏的事，必被揭露（馬太福音 10：26、路加福音 12：2）。
覺性範圍	內聚性的自我，覺性光不外露，只界線在自己追求的物質。	外攝性的大我，覺性光普照萬物，盡大地是一顆明珠。
行為	我滿足了，不需要的可以給你，但要以「名」交換以養「我」。	你缺乏不足，我有可以給你，就像右手給左手，不需要條件交換。
物理學	以多數性暴力方式為理由，採取逆熱力學第二定律運作。	順熱力學第二定律運作，損自己的有餘、補他人的不足。
成就	以二元性的心，作一元性的善事，是心行不一，是無法轉末那我執識為平等性智的，所以只是累積了一元性行為善法的福德，無法成為轉識成智的功德。	以一元性的心，行一元性的事，是心行一如，能成就轉末那我執識為平等性智的功德。
戒條	各個小我之間會因為累積生存資源而衝突，所以要設立無數的戒條、律法。	只要依著愛人如己，不需要任何其他戒律。
生死	恐懼肉體「小我」的消亡，但仍不知所措！	個人「我」融入於大我中，不存在有「我」，所以也就沒有消亡的恐懼。

AFTERWORD

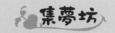

末世尋道者的修煉：心靈復活

出版者●集夢坊
作者●周財福
印行者●全球華文聯合出版平台
總顧問●王寶玲
出版總監●歐綾纖
副總編輯●陳雅貞
責任編輯●Sharon
美術設計●陳君鳳
內文排版●王鴻立

國家圖書館出版品預行編目（CIP）資料

末世尋道者的修煉：心靈復活／周財福 著
-- 新北市：集夢坊出版，采舍國際有限公司發行
2024.4　　面；　　公分
ISBN 978-626-97821-0-9（平裝）
1.CST: 唯識　2.CST: 佛教哲學　3.CST: 印度哲學

220.123　　　　　　　　　　113000934

台灣出版中心●新北市中和區中山路2段366巷10號10樓
電話●(02)2248-7896　　　　傳真●(02)2248-7758
ISBN●978-626-97821-0-9
出版日期●2024年4月初版

郵撥帳號●50017206采舍國際有限公司（郵撥購買，請另付一成郵資）
全球華文國際市場總代理●采舍國際 www.silkbook.com
地址●新北市中和區中山路2段366巷10號3樓
電話●(02)8245-8786　　　　傳真●(02)8245-8718

全系列書系永久陳列展示中心
新絲路書店●新北市中和區中山路2段366巷10號10樓　　　　電話●(02)8245-9896
新絲路網路書店●www.silkbook.com
華文網網路書店●www.book4u.com.tw

跨視界‧雲閱讀 新絲路電子書城 全文免費下載 silkbook○com